ars vivendi

Daniela Uhrich • Michael Metzger

jede menge leben

WÜRZBURG

Feiern, genießen und entspannen
in und um Würzburg

ars vivendi

Bei der Realisierung dieses Buches ließen wir größtmögliche Sorgfalt walten. Falls dennoch Informationen falsch oder inzwischen überholt sein sollten, bedauern wir dies, können aber auf keinen Fall eine Haftung übernehmen.

Bildnachweis:

Fabian Baumgärtner/Schwarzlichtfabrik: S. 214; Monika Baus: S. 100; Stefan Bausewein: S. 186; Andreas Bestle: S. 140; Burgerheart Franchise GmbH: S. 46; Alex Chepa: S. 138; Central: S. 134; Gasthaus Stachel: S. 74; Detlef Heinichen: S. 146; Pascal Höfig/Würzburg erleben: S. 120, 198; icue medienproduktion GmbH & Co. KG: S. 156; Klaus-Peter Janitz: S. 220; Juliusspital: S. 148; lauterbach kreativbetreuung e. K.: S. 218; Prof. Dieter Leistner: S. 150; Kletterwald Einsiedel: S. 204; Jörg Kulow: S. 118; mju-fotografie: S. 104; Simone Räthel: S. 34; Chris Saile: S. 158; Holger Schadt: S. 12; Nicolas Scheuplein: S. 182; Mario Schmitt: S. 172; Nik Schölzel: S. 142; Peter Schuhmann/www.dasistwuerzburg.de: S. 108, 196, 200, 202; Christian Schwab/Bayerische Schlösserverwaltung: S. 112; Sternbäck: S. 98; Matthias Straub: S. 76; Carola Thieme: S. 122; Daniel Torz: S. 228; Kristof Trenkmann: S. 116; Patty Varasano: S. 96, 106; Jürgen Veits: S. 144; Weingut am Stein: S. 126; Weingut Juliusspital: S. 110; www.dieeine.de: S. 132; www.mondelli-studio.com: S. 30.
Alle übrigen Fotografien stammen von Daniela Uhrich.

Autoren und Verlag bedanken sich herzlich bei den genannten Personen und Institutionen für die Unterstützung!

Erste Auflage Januar 2018

www.arsvivendi.com

Umschlag: ars vivendi nach einer Idee von Maximilian Steiner Design
Satz: Christine Richert, www.typoholica.de
Übersichtskarten: Dieter Ohnmacht, Frittlingen
Druck: GPS Group GmbH, Velden
Printed in Austria

ISBN 978-3-86913-874-9

Inhalt

Feste & Festivals

Kunst & Kultur

Nachtleben

Sport & Freizeit

Vorwort

Würzburg, du Perle am Main! Wer über 1300 Jahre auf dem Buckel hat, den kann nichts aus der Ruhe bringen. Tagein tagaus strömt der Main durch deine Gefilde, in zahllosen Kneipen fließt der Frankenwein und über allem thront dein Wahrzeichen: die Festung Marienberg – von Touristen fälschlicherweise oft als »Würz-Burg« bezeichnet. Was soll sich in dieser beschaulichen Studentenstadt mit ihren 120000 Einwohnern schon groß verändern?

So dachten wir zu Beginn unserer Recherche für dieses Buch. Im Studium haben wir uns kennengelernt, gemeinsam Seminare am Hubland besucht, eine Unizeitung gegründet und die Sonne beim obligatorischen »Ei im Glas« aufgehen sehen. Nach Jahren in Würzburg, in denen sich gefühlt kaum etwas verändert hat, verschlug es Michael in die bundesdeutsche Hauptstadt und Dani in die Nähe von Rosenheim. Doch mit der Uni-Stadt ist es wie mit der Jugendliebe: Egal was danach kommt, den ersten Schwarm vergisst man nicht.

Mit Herzklopfen haben wir uns also im Frühjahr 2017 auf den Weg nach Würzburg gemacht und uns gleich wieder heimisch gefühlt. Noch immer besitzt die Stadt prozentual gesehen wohl die meisten Kirchen in Deutschland, der Main fließt wie eh und je in seinen Bahnen, und der Frankenwein steigt spätestens nach dem dritten Glas zu Kopf. Oft staunten wir jedoch auch: Gerade in den letzten Jahren scheint Würzburg eine regelrechte Verjüngungskur mitgemacht zu haben.

Wer sich im Würzburg von heute zurechtfinden will, der muss diesen Wandel sehen und verstehen. Das Buch ist darum die Momentaufnahme einer Stadt, die aus dem Dornröschenschlaf erwacht ist und vergnügt in Richtung Zukunft blickt.

Und, na klar, wir stellen auch die traditionellen Weinkeller und Volksfeste vor, die Partys der Studierenden und die fränkische Küche. Denn die gibt es natürlich immer noch in Würzburg, und was seit Hunderten Jahren Bestand hat, wird bestimmt auch einen festen Platz in der Zukunft bekommen.

Viel Freude beim Lesen und Entdecken!
Daniela und Michael

P. S. Unser herzlicher Dank geht an das Team von *Würzburg erleben*, das uns auch mithilfe seiner Facebook-Fanseite (www.facebook.com/wuerzburg.erleben) noch ein paar wunderbare Geheimtipps lieferte.

EINKAUFEN

Another Love, Häfnergasse 4, 97070 Würzburg
Tel. 09 31/46 77 04 06, www.feuervogl.de
Mo–Sa 10.00–18.00
Rathaus: Linie 1, 3, 4, 5

Tipp: Auf dem jährlich stattfindenden »Fair Fashion Tag« können sich Besucher über fair produzierte Mode informieren und eine Modeschau der »Würzburger Fair Fashion Initiative« bewundern.

1. Suche nach der neuen Liebe

Sackähnliche Schnitte, matschbraune Designs und kratzige Materialien – all das findet man im Conceptstore *Another Love* nicht. Denn obwohl sich der Laden auf Öko-Mode spezialisiert hat, sind die Kleidungsstücke hier keineswegs uncool, wie ein veraltetes Klischee vielleicht denken ließe. Bevor der Textilbetriebswirt Holger Schadt 2014 den Store in der Häfnergasse eröffnete, war er auf der Suche nach einer »neuen Liebe«, jedoch einer mit gutem ökologischen Gewissen. »Mode mit Verantwortung« prangt darum in großen Lettern auf den Schaufenstern.

Die ehemalige italienische Boutique ist mit ihren 130 Quadratmetern Fläche recht groß, dazu hell und zurückhaltend bestückt. Die dezente, aber hochwertige Einrichtung des Vorgängers blieb im Store und wurde um ein paar schöne alte Tische und Schränke aus Holz ergänzt. Auf diese Weise ist der Ökogedanke zwar sichtbar, aber nicht plakativ zur Schau gestellt. Vom T-Shirt bis zum Business-Outfit gibt's bei *Another Love* die ganze Palette für Damen und Herren – dazu Accessoires und Lifestyleprodukte wie Schlüsselanhänger oder Bücher über vegane Küche. Allerdings: Alle Artikel hier sind fair gehandelt, stammen nicht aus Kinderhänden und erfüllen hohe ökologische Standards.

Besonders gut gehen die Bio-Jeans, zum Beispiel von *Koi*, sowie die Print-Shirts, beispielsweise von *Armed Angels.* Aber auch feine Schluppenblusen von *Alma und Lovis* oder Trenchcoats von *Langerchen* sprechen die modebewusste Kundschaft an.

Holger Schadt bietet Nachwuchsdesignern die Möglichkeit, ihre Ware im Eco-Store zu präsentieren. Aktuell arbeitet er mit *Marijaka* zusammen, einer Würzburger Designerin, die Häkelfiguren in Handarbeit herstellt. Kreativ gestaltet sind auch Taschen und Geldbeutel, die das Label *Plattgold* aus alten Fahrradreifen fertigt. Und Schadt selbst hat eine Eigenmarke für Jeans, Chinos, Röcke und Jacken aus biologischer Baumwolle gegründet: Das Würzburger Label *Feuervogl* wird inzwischen deutschlandweit verkauft – und zwar nicht nur in Eco-Stores, sondern auch in herkömmlichen Boutiquen. Holger Schadt ist überzeugt davon, dass die Gesellschaft bereit ist für eine »neue Liebe«.

Nachhaltigkeit spielt eine immer stärkere Rolle – gerade in der Mode. Aus diesem Grund hat sich 2015 die »Würzburger Fair Fashion Initiative« gegründet, der sich neben *Another Love* auch der *Weltladen*, das Naturkaufhaus *Body & Nature* sowie der *Indiobasar* angeschlossen haben.

Buchhandlung dreizehneinhalb, Eichhornstr. 13a, 97070 Würzburg
Tel. 09 31/4 65 22 11, www.dreizehn-einhalb.de
Mo–Fr 9.00–19.00, Sa 9.00–16.00
Dom: Linie 1, 3, 4, 5

2. Nachts in der Buchhandlung

Die Vorstellung, nachts in einem Museum eingeschlossen zu sein, in dem Kriegsherren, Seefahrer, wilde Tiere und Steinzeitmenschen plötzlich zum Leben erwachen, war für den kroatischen Illustrator Milan Trenc so aufregend, dass er daraus ein Kinderbuch machte. 2006 wurde das Buch *The Night at the Museum* mit Ben Stiller in der Hauptrolle verfilmt. Mindestens genauso spannend dürfte der nächtliche Aufenthalt in einer Buchhandlung sein. Denn auch wenn Robinson Crusoe, Scarlett O'Hara oder Anna Karenina die Welt zwischen den Buchdeckeln nicht verlassen, ist so ein Abend hinter den verschlossenen Türen eines Buchladens wohl der Traum jedes Bibliophilen – schließlich hat man selten die Möglichkeit, so vielen Romanhelden auf diese Art nahezukommen.

Möglich macht es die 2005 eröffnete *Buchhandlung dreizehneinhalb* mit der Aktion »Einschließen und Genießen« (im Zeitraum von September bis April). Wer sich vorher angemeldet hat, darf nach Ladenschluss um 19 Uhr gerne bleiben, auf einem der alten Lesesessel Platz nehmen oder ins wunderbar bequeme Sofa versinken und in aller Ruhe weiterschmökern. Während im Hintergrund die Kuckucksuhr neun Uhr schlägt, eine Büste von Loriot vom Regal heruntergrinst und ein Schwein im Morgenmantel ein sanftes Licht in den Raum wirft, kann der nächtliche Gast ganz sicher auch die eine oder andere Überraschung entdecken. Schließlich finden sich in der gemütlichen Buchhandlung auf 160 Quadratmetern mehr als 30 000 Titel zu den Schwerpunkten Belletristik sowie Kinder- und Jugendbuch; hinzu kommen erlesene Bildbände, Musik- und Kochbücher sowie Reiseliteratur.

Ausgewählt werden die Titel von den drei Ladenbesitzerinnen Monika Bruckner, Ulla Rottmann und Gabriele von Zobel. Sie sind es auch, die im Rahmen von »Einschließen und Genießen« hinter den nächtlichen Besuchern die Türe zusperren und zu einem verabredeten Termin gegen 22 Uhr wieder öffnen. Für die hungrigen Bücherwürmer stehen neben der Lektüre auch Prosecco, Wasser und etwas zum Knabbern bereit. Und wer sich nach 22 Uhr nicht von seinem Buch trennen kann, darf dieses natürlich käuflich erwerben. Außerdem wird um einen Kostenbeitrag in Höhe von 7,50 Euro pro Person gebeten. Übrigens: Der Name des 2006 vom Branchenblatt *BuchMarkt* zur »Buchhandlung des Jahres« gekürten Ladens rührt von der Hausnummer des Geschäftes her – früher gab es in Würzburg nämlich noch halbe Hausnummern. Inzwischen lautet die Nummer offiziell »13a«.

Die Murmel, Augustinerstr. 7, 97070 Würzburg
Tel. 09 31/5 93 49, www.die-murmel.de
Mo–Mi 9.00–18.00, Do u. Fr 9.00–19.00, Sa 9.00–16.00
Rathaus: Linie 1, 3, 4, 5

Tipp: Die Murmel erfüllt auch Sonderwünsche, ersetzt verlorene Spielsteine oder kümmert sich um die Reparatur von Spielgeräten.

3. Die Kraft der Murmel

Gutes Spielzeug prägt die Kindheit. Doch auch der Ort, an dem es gekauft wurde, bleibt ein Leben lang in Erinnerung. Zumindest, wenn es sich um ein so schönes Spielzeuggeschäft wie *Die Murmel* handelt. Untergebracht ist das Spieleparadies im sogenannten Perathonerhaus, in dem sich bereits 1902 ein Spielwarengeschäft befand.

Der nostalgische Bonbonautomat und die vielen Windräder und Wimpelketten vor dem Laden führen unweigerlich dazu, dass Kinder ihre Eltern ins Geschäft zerren wollen. Ein Übriges tut das liebevolle und saisonal gestaltete Schaufenster, das sogar schon einen internationalen Schaufensterwettbewerb vom Spielzeughersteller *Schleich* gewonnen hat. »Wenn ich am Montag meine Schaufenster putzen muss, dann ist das ein gutes Zeichen, weil dann Kinder und Erwachsene regelrecht dran kleben geblieben sind«, hat Inhaber Thorsten Drechsler einmal in einem Interview gesagt.

Auch die Ladeneinrichtung wurde mit viel Liebe zum Detail gestaltet. Die Wände sind mit Motiven der Spielwaren verziert, die man im 80 Quadratmeter großen Geschäft erwerben kann. Ausgetobt hat sich hier der Würzburger Künstler Markus Westendorf. Etliche Mobiles hängen von der Decke, die Schränke sind vollgestopft mit allem, was Kinderherzen schneller schlagen lässt. Als Inspiration für das Design der maßgefertigten Möbel diente Thorsten Drechsler übrigens ein Altar. Gehuldigt wird mit den verzierten Möbelstücken allerdings nun ästhetisch ansprechendem und pädagogisch hochwertigem Baby- und Kinderspielzeug. *Fagus*-Autos zum Beispiel, mit denen die »Aktion Mensch« unterstützt wird, oder *Ostheimer*-Figuren, die in Deutschland geschnitzt und handbemalt werden.

Alle Spielzeuge sind qualitätsvoll, möglichst hierzulande oder in Europa gefertigt und mit Prädikaten wie »Spiel gut«, »Bestes Design« oder »Deutscher Spielepreis« ausgezeichnet. Vieles kennt man noch aus seiner eigenen Kindheit. Und am liebsten möchte man all die Handpuppen, Zauberei-Sets, Bau- und Experimentierkästen oder Jonglierutensilien sofort selbst ausprobieren. Thorsten Drechsler und sein Team sind da klar im Vorteil, denn von ihnen wird jedes Produkt zunächst »testgespielt«. Nur so ist auch die kompetente Beratung gewährleistet, für die *Die Murmel* bekannt ist.

Ach, und dass so ein Spielzeuggeschäft jung hält, sieht man an Thorsten Drechslers YouTube-Kanal: In einem Video wird er unter einer überdimensionalen Murmel begraben, in einem anderen lässt er die Handpuppe »Seepferdchen Siegfried« betteln, gekauft zu werden.

Die Pampelmuse, Augustinerstr. 8, 97070 Würzburg
Tel. 09 31/61 93 95 29, www.diepampelmuse.de
Mo–Fr 10.00–18.00, Sa 10.00–16.00
Rathaus: Linie 1, 3, 4, 5

4. Geküsst von der Pampelmuse

Auf dem Fußboden stapeln sich Körbe, Schächtelchen und Kissen zu kleinen Türmen. Hinter ein paar Jutebeuteln mit Kaktusmotiv und Neon-Trotteln lugt eine pinke Flamingo-Gießkanne hervor. Und auf der extrabreiten Schaufensterablage locken Bambus-Kaffeebecher, Häkelaffen, eine Regenbogenspardose und die Lightbox »YAY I AM PINK«. Schon von Weitem wird deutlich, dass es sich bei diesem Shop keinesfalls um einen Obst- oder Saftladen handelt. Die *Pampelmuse* ist ein originelles Deko- und Einrichtungslädchen, das erfrischende Inspirationen für das Zuhause liefert. In Pampelmuse steckt schließlich auch das Wort »Muse«. Und von der wird jeder geküsst, der hier auf der Suche nach ausgefallenen Wohnaccessoires, besonderer Papeterie oder ganz einfach wunderbarem Schnickschnack ist. Also Dingen, von denen man erst weiß, dass man sie braucht, wenn man sie in der Hand hält.

Als die beiden Freundinnen Franziska Böhme und Susanna Gleixner die *Pampelmuse* im Oktober 2015 gründeten, ging für sie der große Traum vom eigenen Laden in Erfüllung. Mit viel Herzblut – und guten Freunden – wurde fast alles selbst gemacht. Franzi und Susanna, wie die zwei genannt werden wollen, sind innerhalb des ersten Jahres zu IT-Fachfrauen, Einkäufern, Verkäufern, Werbegestaltern und Innenarchitekten geworden. Seitdem gilt für beide: »Pampelmuse all day long!«

Um den Laden mit seinen vielen Kleinigkeiten optisch nicht zu überladen, entschieden sie sich für ein konsequentes Schwarz-Weiß-Konzept. Den Mittelpunkt bilden zwei riesige Tapeziertische, die mit einem fruchtigen Cocktail aus Cupcaketoppern, Partygeschirr, Schmuckstücken, Haarspängchen und Bügelpatches bestückt sind. Drum herum: offene Regale voller Vasen, Dekoartikel und Postkarten. Besonderer Renner sind Artikel der schwedischen Marke *OMM*, Kissen von *Ava & Yves* sowie das Geschirr von *Bloomingville.*

Auch ein paar Lokalhelden sind in der *Pampelmuse* vertreten. So wie die Würzburger Designerin Julia Bruns, die unter dem Namen *I Love You Laugh* zauberhafte Illustrationen auf Papier und Stoff bannt. Oder das Unternehmen *Calena* aus Boxberg bei Würzburg, das 100 Prozent vegane, zertifizierte Naturkosmetik vertreibt – in schicke braune Apothekerfläschchen gefüllt.

Eckhaus Würzburg, Langgasse 8, 97070 Würzburg
Tel. 09 31/1 20 01, www.eckhaus-wuerzburg.de
Mo–Fr 10.00–18.30, Sa 10.00–18.00
Rathaus: Linie 1, 3, 4, 5

Tipp: Familie Oechsner vermietet auch drei Ferienwohnungen unter dem Dach – natürlich sehr geschmackvoll eingerichtet.

5. Kerzen, Karten und Kalender

Wer von der Domstraße kommt und am Rathaus vorbei in Richtung Marktplatz flaniert, der muss unweigerlich am *Eckhaus* vorbeilaufen. Moment, vorbeilaufen? Unmöglich!

Das gilt zumindest für das überwiegend weibliche Publikum, das den Einrichtungsladen in regelmäßigen Abständen frequentiert, um zu sehen, »was es so Neues gibt«. Zu einladend gestaltet sind die Schaufenster und der Platz vor dem Laden, mit seinen hübschen Feuerschalen, französischen Gartenmöbeln und einem nostalgischen Radl. Das *Eckhaus* – von vielen Männern liebevoll als »Krutschelladen« bezeichnet – ist ein Paradies für Dekofans. Zu den Produkten zählen Klassiker von *Dibbern, Gmundner Keramik, KPM* und *Lexington,* aber auch extravaganter Schmuck und weihnachtliches Kunsthandwerk aus Franken. Und nicht zu vergessen: die *Longchamp*-Taschen, wichtiger Bestandteil der Juristinnen-Erstsemester-Garderobe!

Exklusiv im *Eckhaus* gibt es auch das »Würzburg Stadtlicht« zu kaufen. Die Residenz, der Dom, die Marienkapelle, das Rathaus Grafeneckart, die Festung Marienberg, das Käppele und die Alte Mainbrücke werfen ihre Schatten bei dieser hübschen Kerzenkonstruktion aus Metall und Papier.

Vorauszusehen war der Erfolg nicht, als die beiden Kunsthistoriker Birgit und Martin Oechsner den kleinen Accessoiresladen 1993 »versuchsweise« an der Ecke des Hauses Langgasse 8 eröffneten. Inzwischen hat sich die Ladenfläche – dank der Einbindung des historischen Gewölbekellers – auf 350 Quadratmeter verdoppelt; seit einigen Jahren können die dekobegeisterten Eckhäuserianer auch ihren Kaffee im integrierten Café einnehmen. Auf den gemütlichen Eckbänken drinnen oder den Gartenmöbeln draußen, umgeben von Kerzen, Karten und Kalendern, fühlen sich Interieurfans gleich wie zu Hause. Und können alles, worauf und woran sie sitzen – von den Tischen bis hin zu den Sitzauflagen – käuflich erwerben. Die Oechnsers und ihr Team schenken hier nicht nur Latte Macchiato aus, sondern auch richtig gute Eistees oder Riesling von heimischen Winzern. Sie lassen sich eben stets davon leiten, was ihnen selbst am besten gefällt.

Fashion-Flohmarkt in der Posthalle
Bahnhofplatz 2, 97070 Würzburg
Tel. 09 31/99 17 78 90, www.posthalle.de
Bahnhof: Linie 1, 2, 3, 5

6. Schni-Schna-Schnäppchenjagd

Gemütlich ist es nicht beim Würzburger *Fashion-Flohmarkt*. Doch trotz herrlichstem Sonnenschein draußen und schwarzen Wänden und kaltem Fliesenboden drinnen strömen einmal im Monat Hunderte Mädchen und junge Frauen in die *Posthalle*. Ihr Ziel: die über 100 Biertische und Kleiderstangen voller T-Shirts und Jeans, Handtaschen, Schmuck und Schuhe, die dicht an dicht in der Veranstaltungshalle aufgebaut wurden. Zwischen den einzelnen Ständen bleiben nur schmale Gässchen, die zu Spiegeln, provisorischen Umkleidekabinen oder an die Bar führen. Doch Letztere ist meistens leer, denn die Besucher sind schließlich nicht zum Kaffeetrinken gekommen. Sie sind auf der Jagd nach Schnäppchen. Und dafür benötigt man beim *Fashion-Flohmarkt* viel Zeit und gutes Schuhwerk.

Kurz nach Einlass herrscht bereits dichtes Gedränge in den Gängen, überall wühlen sich junge Frauen (und einige wenige Männer) durch die Secondhandwaren. Auf der anderen Seite der Kleiderberge stehen Fashionistas mit Kaffeetassen. Oder einfach Studentinnen, die Kleidung von großen Modeketten loswerden wollen, um ihre Geldbörse aufzubessern. An den Ständen wird gefeilscht, wie es sich für einen Flohmarkt gehört. Was den Fashionmarkt vom Trödelmarkt unterscheidet, ist jedoch die Qualität der Waren. Statt Krimskrams verkaufen die meisten Standbesitzer kaum getragene, modische Kleidungsstücke und Accessoires. Selbst geschriebene Zettel wie »Jedes Teil 1 Euro« oder »Alles muss raus, Baby on board« machen darauf aufmerksam, dass die Sachen dennoch günstig zu haben sind. »Hauptsache weg« scheint das Motto der meisten Verkäufer zu sein, die den Flohmarkt auch nutzen, um ihren Schrank regelmäßig zu entrümpeln.

Bei diesen Schnäppchenpreisen wird die eine oder andere am Ende des Tages sicherlich nachrechnen, ob sich die Standgebühr in Höhe von 24 Euro gerechnet hat. Für das Gründerteam Katharina Solbach und Karl Miller jedenfalls ist die Rechnung aufgegangen. Seitdem der *Fashion-Flohmarkt* im Januar 2015 zum ersten Mal stattgefunden hat, ist die Veranstaltung ein absoluter Renner. Inzwischen pilgern rund 1 500 Besucher zum Secondhandmarkt, und die Stände – die nach Eingang der E-Mails im Vorfeld verteilt werden – sind innerhalb weniger Stunden vergeben.

H2O, Karmelitenstr. 28, 97070 Würzburg
Tel. 09 31/57 26 11, www.h2o-records.de
Mo–Fr 11.00–19.00, Sa 11.00–18.00
Ulmer Hof: Linie 2, 4

7. Scheibenweise handverlesene Musik

Analoge Tonträger sind wieder angesagt. Der Siegeszug der Vinyl-Scheibe ist auch an Würzburg nicht spurlos vorbeigegangen, und es gibt genau drei Läden, die den Retro-Boom unter sich aufteilen: Das *Musicland* am Peterplatz ist immer gut für den Verkauf von eigenem Privatbestand, für den man keine Verwendung mehr hat, es legt außerdem einen Schwerpunkt auf klassische Klänge und Kirchenmusik. Das *Monophon* am Wagnerplatz ist ein Ort für echte Liebhaber: Sein Besitzer Michael Pfreundschuh widmet jedem Besucher ausgiebig Zeit für Beratungsgespräche, es liegt mit seinem Standort in Grombühl aber etwas außerhalb. Der *H2O-Plattenladen* in der Karmelitenstraße hingegen ist nur einen Steinwurf entfernt vom Unteren Markt gelegen und ist gerade deshalb für Würzburg-Neulinge superleicht zu finden.

In seinem Bestand hat das *H2O* an die 10000 LPs, 8000 CDs und 1 000 Musik- und Spielfilm-DVDs. Es ist in erster Linie ein Second-Hand-Geschäft und lädt deshalb ein, nach vergessenen Schätzen zu graben. Gerade im Vinylbereich gibt es viele Titel, die neu nicht erhältlich und hier – mit Glück und Geduld – zu entdecken sind. Zum ausgiebigen Probehören gibt's im Laden eine »Anhörstation« für LPs und CDs.

Das Sortiment des *H2O* ist seit über 20 Jahren breit aufgestellt und reicht von Rock, Blues, Jazz, Electronica, Indie, Heavy Metal, Punk, Krautrock, Psychedelic Rock, Klassik, Reggae, Filmmusik, Hip Hop, Singer/Songwriter, Dark Wave bis hin zu Weltmusik. Geschäftsführer Horst Porkert war es schon immer eine Herzensangelegenheit, kein Spezialgeschäft für nur *eine* Musikrichtung zu sein. Und wenn es die Zeit zulässt, dann verwandelt sich sein Laden auch mal zu einem sozialen Treffpunkt für allerhand Fachgespräche.

Das *H2O* ist auch eine Vorverkaufsstelle für Konzertkarten, hauptsächlich für Würzburger Locations wie die → *Posthalle* (s. S. 178f.), das → *Cairo* (s. S. 144f.) oder die → *Kellerperle* (s. S. 136f.), dazu ebenso für überregionale Festivals wie das *Summerbreeze* oder das *Burg Herzberg Festival*.

Darüber hinaus betreibt Horst Porkert ebenfalls seit mehr als zwei Jahrzehnten seine Konzertreihe *Psychedelic Network* mit bisher über 180 Konzerten. Highlight ist dabei seit über 10 Jahren das *Psychedelic Network Festival* im *Cairo* mit Bands aus ganz Europa. Da er selbst auch Musiker ist, sind das *H2O* und er eng mit der regionalen Musikszene verbunden.

Häfelesmess, Marktplatz 3a, 97070 Würzburg
www.wuerzburger-markt.de/veranstaltungen.html
14-Tage-Messe, immer zu Frühjahrsbeginn, Kiliani (Juli) sowie Allerheiligen
Rathaus: Linie 1, 3, 4, 5

8. Shoppinglust im Allerheiligsten

»Häfele« ist die fränkische Bezeichnung für Töpfe, Tiegel und Tassen, und die sind seit Jahrhunderten eines der Kerngeschäfte der *Häfelesmess.* Genauer gesagt seit 1227, da nämlich verlieh Heinrich VII. Würzburg das Messerecht. Die Bezeichnung *Häfelesmess* wird traditionell sowohl für die Verkaufsmesse zum Frühjahrsvolksfest als auch für die Kiliani-Verkaufsmesse und die Allerheiligenmesse verwendet. Auf allen drei Warenmessen werden (nach wie vor) Alltagsgegenstände und allerlei Nützliches für den Haushalt, wie Körbe und Bürsten, verkauft. Die *Häfelesmess* verspricht aber weitaus mehr: Dem findigen Shopper bieten sich traditionelle Handwerksgegenstände, Textilien und Gewürze, eine ganze Reihe Souvenirs für die Lieben zu Hause, aber auch Kunstgegenstände und natürlich fränkische Leckerbissen wie die → *Bratworscht* (s. S. 90f.).

Austragungsort der Warenmesse ist nicht nur der Marktplatz. Auch die umliegenden Läden werden miteinbezogen. Nicht einmal die gotische Marienkapelle bleibt »verschont«:

In Ausläufern der Marienkapelle sind die sogenannten »Schwalbenlädle« einquartiert. Wie Schwalbennester schmiegen sich die kleinen Kioske mit allerlei Krimskrams an das Kirchenschiff.

Die Läden finanzieren mit ihrer Miete bereits seit dem Jahre 1437 den Betrieb der Kapelle. Denn vom Himmel gefallen ist das sakrale Gebäude wahrlich nicht: Bau und Unterhalt waren von Anfang an den Spenden der Würzburger Bürgerschaft zu verdanken. Und das ausgerechnet auf den niedergebrannten Mauern einer ehemaligen Synagoge, was bei einigen Architekturhistorikern die Vermutung nahelegt, dass es sich hier um ein »Sühnezeichen« der Würzburger an ihre jüdischen Mitbürger handeln könnte.

Ob sich die damaligen Kirchenerbauer hätten träumen lassen, was heute alles in ihren Schwalbenlädle zu finden ist? In einem der Läden können fränkisch angehauchte moderne Kunst, Schoppengläser und Quietscheenten in Frankentracht erworben werden. In einem anderen ist eine Filiale der Bäckerei → *Brandstetter* (S. 170f.) einquartiert, in der – auch zur Fastenzeit – die wohl besten Apfeltaschen Würzburgs über den Ladentisch gehen. Lange verweilen ist hier zwar nicht angesagt, denn es handelt sich um das angeblich kleinste Café der Stadt. Doch wer will das schon? Die Apfeltasche schmeckt auch »auf der Hand«, bei einem Spaziergang über die *Häfelesmess.*

Hermkes Romanboutique, Valentin-Becker-Str. 1a, 97072 Würzburg
Tel. 09 31/5 57 67, www.comicdealer.de
Mo–Fr 9.00–19.00, Sa 9.00–16.00
Valentin-Becker-Straße: Linie 6

9. Unzählige Welten auf ein paar m^2

Nichts, was es nicht gibt in der Weltraumfahrer-Saga *Perry Rhodan*. Zum Beispiel einen Buchhändler, der sprechende Bücher verkauft. Nach ihm hat sich *Hermkes Romanboutique* in der Valentin-Becker-Straße benannt, und obwohl hier die Literatur stumm in den Regalen steht, schwirren die Gesprächsfetzen nur so umher in den schmalen und etwas düsteren Gängen des kleinen Ladenlokals im Frauenland. Denn *Hermkes Romanboutique* ist nicht nur ein Comic- und Literaturfachhandel, sie ist auch gut frequentierter Treffpunkt einer ganzen Szene aus Geeks und Liebhabern.

Im Sortiment findet man Superhelden-Comics und Klassiker mit Micky Maus, Star Trek oder Marsupilami, Graphic Novels, Romane wie die von Terry Pretchett, und natürlich Werke des großen Science-Fiction-Vorbilds Perry Rhodan in Hülle und Fülle. Alle Titel sind in der Regel auf Deutsch und in der jeweiligen Originalsprache vorrätig – oder aber wenigstens binnen 24 Stunden bestellbar dank des Overnight-Service von *Libri*.

Davon, dass die Geschäfte schon lange gut laufen, zeugen die gut sortierten und teils aus allen Nähten platzenden Regale. Bereits in zweiter Generation wird der kleine Liebhaberladen betrieben. Gerd Eibachs hat das Geschäft von seinem Vater schon vor Jahrzehnten übernommen, was diesen aber nicht davon abhält, noch immer selbst an den Regalen vorbeizustromern, die Hefte zu sortieren und zu ordnen und dabei mit den Stammkunden ins Plaudern zu kommen. Beliebte Gesprächsthemen sind die Qualität der deutschen Übersetzung, die Kontingenz von Handlungssträngen in einzelnen Comic-Universen und natürlich das Image der eigenen Fankultur.

Denn eines ist klar: Comics und Fantasy-Romane sind für die Fans hier kein Kinderkram, sondern ernst zu nehmende Populärliteratur. Wer regelmäßig im *Hermkes* verweilt, der investiert früher oder später nicht nur ein kleines Vermögen in sein Hobby, sondern auch eine ganze Menge Zeit. Denn: Die Szene ist in Mainfranken generell recht umtriebig und aktiv. Und der *Hermke*-Laden ist dabei mittendrin und beispielsweise auf der *Ork-Con* in Schweinfurt vertreten oder lädt zum bundesweiten *Gratisrollenspieltag* in die eigenen vier Wände ein. Außerdem organisieren die Shop-Betreiber in Zusammenarbeit mit dem → *Central*-Kino (s. S. 134f.) einen regelmäßigen Science-Fiction- oder Fantasy-Filmabend, der Filmtitel dafür wird in Zusammenarbeit mit der Community online ausgewählt. Na dann: Möge die Macht mit euch sein!

Mondelli Conceptstore, Theaterstr. 8, 97070 Würzburg
Mondelli Boutique, Theaterstr. 11, 97070 Würzburg
Tel. 09 31/71 05 34 10 (Conceptstore), www.mondelli-conceptstore.de
Jeweils Mo–Fr 10.00–19.00, Sa 10.00–18.00
Juliuspromenade: Linie 1, 2, 3, 5

10. Mode auf zwei Straßenseiten

Würzburg ist keine Fashionmetropole wie Paris, Berlin oder London. Dominiert wird die Innenstadt, vom Dom bis zum Bahnhof, von den bekannten Fast-Fashion-Ketten. Außergewöhnliches findet man meistens nur zu hohen Boutiquenpreisen.

So jedenfalls sah die Situation bis 2012 aus. Dann übernahm das Ehepaar Mara-Lisa Manger und Aldo Vetrugno das Modezepter und stellte – vom *Conceptstore* über Pop-up-Stores bis hin zu Bloggerevents – einige bemerkenswerte Projekte auf die Beine.

2012 eröffneten die Texilmanager Mara-Lisa und Aldo die elegante, sehr cleane und gehobene *Mondelli Boutique* in der Theaterstraße. Ganz anders: der *Mondelli Conceptstore*, der sich auf der Straßenseite gegenüber befindet. Der 2014 eröffnete Laden mit seinen weiß getünchten Wänden, den hellen Regalen und hohen Decken spricht eine Zielgruppe an, die modisch am aktuellsten Stand ist, und ergänzt somit den klassischen Stil der *Boutique* gegenüber. Betritt man den *Conceptstore*, fällt sofort die ausgefallene Schuhauswahl ins Auge: Slipper mit Bestickung reihen sich neben goldene Ballerinas mit Rüschen und mit Bommeln verzierte Sandalen. Auf den Kleiderstangen hängen ausgefallene Jeans mit Seidenanteil neben Kapuzenpullovern mit großen Prints.

Beim Interieur setzt das umtriebige Ehepaar auf verspielte Elemente wie verzierte Kommoden oder einen großen Kronleuchter im Wendeltreppenbereich des *Conceptstores*. Ein Kamin in Kombination mit einer Bar in der unteren Etage schafft beim Probieren von neuen Styles eine gemütliche Atmosphäre. Etwa 80 Marken warten auf die Fashionistas – darunter internationale Designer wie *Samsøe & Samsøe, Second Female, Paige, Gestuz* und *Furla*. Auch Beautyprodukte, Schmuck und Wohnaccessoires werden auf den zwei Etagen präsentiert.

Im Anschluss an den Einkauf gibt's bei chilliger Musik dann einen erfrischenden Cocktail auf der Sonnenterrasse hinterm Store. Übrigens: Wer vor Ort nicht fündig wird, kann die Möglichkeit nutzen, im Onlineshop weiterzustöbern.

Papier Pfeiffer, Sanderstr. 4a, 97070 Würzburg
Tel. 09 31/5 27 20, www.papier-pfeiffer.de
Mo–Fr 8.00–19.00, Sa 8.30–16.00
Sanderring: Linie 1, 3, 4, 5

Tipp: Der Papier Pfeiffer unterhält einen Lieferservice. Binnen 24 Stunden kann jedes Produkt telefonisch oder per E-Mail direkt vor die Haustür bestellt werden.

11. Schreibwarenladen mit Pfiff

Von außen betrachtet könnte *Papier Pfeiffer* mit seinen Postkarten- und Zeitungsständern ein x-beliebiger Schreibwarenladen oder ein Touri-Shop sein. Doch das Innenleben des Ladens offenbart schnell das Gegenteil: Der *Pfeiffer* ist noch ein echtes Fachgeschäft – und zwar eines mit einer mehr als hundertjährigen Geschichte. Dementsprechend herrscht hier auch ein anderer Geist als in einer beliebigen Filialkette: »Für uns sind Schreibwaren gewissermaßen lebendige Produkte, mit denen Menschen einige ihrer größten Werke geschaffen haben«, erläutert die Familie auf ihrer Website.

Bereits 1912 wurde der Laden von Buchhändler Christoph Schmitt in der Sanderstraße 10 eröffnet. Fünf Jahre danach übernahm der Händler Philipp Pfeiffer den Laden, nachdem er in die Familie Schmitt eingeheiratet hatte. Bis heute ziert der Name Pfeiffer, zusammen mit einem Flötenspieler, das Logo des familiengeführten Ladens.

Der Zweite Weltkrieg legte bekanntlich die ganze Stadt in Schutt und Asche. Doch die Inhaber des *Pfeiffers* waren zäh, sie eröffneten 1951 wieder und konnten 1999 bereits an die vierte Generation übergeben. Meistens trifft man Ladenbesitzerin Claudia Kutter heute persönlich hinter dem Tresen an – mit wachen Augen und fachkundigem Rat.

Der *Papier Pfeiffer* ist das Kind einer analogen Zeit, und entsprechend analog ist sein Sortiment. E-Books oder digitale Stifte sucht man hier vergebens. Nur Druckerpatronen und Druckpapier lassen erahnen, dass wir uns im 21. Jahrhundert befinden. Doch wer ein schön gestaltetes Notizbuch erwerben möchte, um die Eindrücke des Würzburg-Aufenthaltes festzuhalten oder einen Kugelschreiber benötigt, der einem in den ersten Semestern in der Mainmetropole zuverlässig zur Seite steht, für den lohnt sich ein Besuch des *Pfeiffers* in jedem Fall. Füllfederhalter gibt es von rund 20 verschiedenen Marken, von *Montblanc* über *Rotring* bis hin zu *Caran d'Ache*. Dazu Briefpapiere mit Marmorierung und blanko, Bewerbungsmappen, Kalender und Versandtaschen. Auch eine kleine Auswahl an liebevoll gestalteten Globen, *Schildkröt*-Puppen und *Ravensburger*-Puzzles warten in den – immer beinahe überquellenden – Regalen auf neue Besitzer.

Perlenmarkt Würzburg, Marktplatz 3a (Gressengasse), 97070 Würzburg
Tel. 09 31/5 86 45, www.perlenmarkt-wuerzburg.de
Mo–Do 9.30–18.00, Fr 9.30–19.00, Sa 9.30–18.00
Rathaus: Linie 1, 3, 4, 5

Tipp: Auch Reparaturarbeiten (wie das Auffädeln und Knoten von Ketten und Armbändern) können beim Perlenmarkt zum kleinen Preis in Auftrag gegeben werden.

12. Paradies für Perlenpaulas

Wäre der *Perlenmarkt* nicht so eine Institution in Würzburg, dann könnte man den gerade einmal 50 Quadratmeter großen Laden glatt übersehen. Zumal die Adresse »Marktplatz 3a« irreführend ist. Der Laden befindet sich nämlich in der Gressengasse, einer kleinen Seitenstraße des Unteren Marktes, die man eigentlich nur einschlägt, wenn man das traditionsreiche Gasthaus → *Zum Stachel* (s. S. 74f.) aufsuchen möchte. Doch Würzburgs Schmuckliebhaber kennen den *Perlenmarkt.* Hier können sie sich nicht nur selbst mit hübschen Ohrringen, Armbändern und Ketten ausstatten, sondern auch Freundinnen, Kommilitoninnen, Mamas und Schwestern mit selbst gemachtem Perlenschmuck versorgen.

Simone Räthel eröffnete das Schmucklädchen 1989 und verkaufte zunächst ausgewählte Materialien, die sie auf ihren Reisen in der ganzen Welt zusammentrug. Inzwischen führt der *Perlenmarkt* eines der größten Perlensortimente Deutschlands – und zwar keineswegs nur klassische Süßwasserperlen. In den vielen kleinen Glaskästen, unter deren Last sich die Tische fast zu biegen scheinen, leuchten Schmuckperlen aus Glas, Holz, Koralle, Mineralien, Sterlingsilber, Muscheln, Perlmutt, Keramik, Kunststoff und *Swarovski*-Kristallglas. Unter dem Namen *STEPHISIMO* bringt Räthel gemeinsam mit ihrem Mann jährlich auch zwei eigene Kollektionen auf den Markt, zum Beispiel aus afrikanischem Büffelhorn. Wer sich schließlich für ein oder mehrere Materialien entschieden hat, der schnappt sich ein Tellerchen, lädt es voll mit schillernden Perlen und dem passenden Zubehör, wie Verschlüssen oder Ohrringteilen. Und dann kann direkt an einem der Arbeitsplätze losgewerkelt werden. Das heißt, wenn man einen Platz ergattert, denn vor allem an den Wochenenden herrscht häufig großer Andrang in dem kleinen Lädchen.

Wer einen etwas privateren Rahmen vorzieht, für den bieten Simone Räthel und ihr Team Schmuckworkshops an. Unter geschulter Anleitung können in den zwei bis drei Stunden eigene Kreationen entworfen werden (Kostenpunkt 12 Euro). Die Workshops eignen sich auch hervorragend für Junggesellinnen-Abschiede, Firmenevents oder Kindergeburtstage. Und eines ist sicher: Wer den Laden einmal entdeckt hat, der hat für die Zukunft immer jede Menge Geschenkideen parat.

Quartier 97, Eichhornstr. 4, 97070 Würzburg
Tel. 09 31/35 96 39 40, www.quartier97.de
Mo–Fr 10.00–19.00, Sa 10.00–18.00

13. Männlich, nachhaltig, Jeans

Ein Mann sein im 21. Jahrhundert, das ist gar nicht so einfach. Man(n) will Familienernährer sein, will stark sein und sportlich, aber gleichzeitig sensibel, ein guter Zuhörer und irgendwie ein Feminist. Doch wie soll das alles zusammenpassen?

Eine Antwort versucht Michael Sager mit seinem *Quartier 97* in der Eichhornstraße zu geben. Der Laden ist so etwas wie ein Conceptstore. Alles dreht sich um ein Männerbild, das die beiden Eigenschaften »maskulin« und »nachhaltig« in einem einzigen Textil zusammenführen will: der Jeans. Neben Klamotten gibt es auch Accessoires zu kaufen, wie Taschen, Rasierpinsel und Gürtel. In einer Ecke des Ladens lädt ein Sofa zum Verweilen ein, und wer möchte, dem serviert der Inhaber einen Whiskey.

»Die Jeans ist für mich deshalb das zentrale Kleidungsstück für den Mann, weil sie so haltbar ist«, verkündet Michael Sager dann. »Und sie lässt sich vielseitig einsetzen.« Im Sortiment hat er aus dem Grund Outdoor-Jeans und elegante Jeanshosen, Hemden aus Jeansstoff und natürlich Jeansjacken. *Levi's, Diesel* oder *Lee* sucht man hier allerdings vergebens. Die Marken, die das *Quartier 97* listet, sind in Mainfranken wenig bekannt. Verkauft werden beispielsweise *Ben Sherman* aus England, *Edwin Tokyo Japan* oder *Passion France*. Und auch deutsche Labels wie das Berliner *Harry Damson* liegen in den Regalen. Die Produkte kauft der Inhaber bei internationalen Modemessen und ist dabei immer auf der Suche nach neuen Trends. Auch der Laden selbst ist in Würzburg noch immer ein Geheimtipp. »Der Franke verfährt ja erst mal nach dem Motto: Was ich nicht kenn, das fress ich net«, weiß Michael Sager mittlerweile. Deshalb will er seine handverlesene Ware bald auch bundesweit übers Internet feilbieten.

In der Eichhornstraße erklärt er währenddessen geduldig, was die Vorzüge seiner Produkte sind. Denn sein Geschäft betrachtet der Inhaber tatsächlich als Quartier: »In einem Quartier, da kommen Menschen mit ähnlichen Interessen zusammen. Bei mir sind das Männer auf der Suche nach einem nachhaltigen Stil.« Dieses gemeinsame Interesse, meint Michael Sager, schweiße zusammen. Und deshalb darf unabhängig von sozialer Schicht oder Einkommen jeder auf seinem Sofa Platz nehmen. Nicht selten haben sich dann schon echte Freundschaften entwickelt. Unter Männern, bei einem Glas Whiskey, muss das Shopping eben nicht im Vordergrund stehen.

Unverpackt Würzburg, Sanderstr. 5, 97070 Würzburg
www.wuerzburg-unverpackt.de
Mo–Fr 9.00–19.00, Sa 9.00–15.00
Neubaustraße: Linie 1, 3, 4, 5

14. Hüllenloses Einkaufserlebnis

Unverpackt einkaufen, das ist ja eigentlich ein alter Hut: Seit Jahren erhalten Würzburger frisches Obst und Gemüse ohne Verpackung direkt vom Erzeuger, und zwar auf dem »Grünen Markt« und auf dem »Spezialitätenmarkt«, beide dienstags, mittwochs, freitags und samstags auf dem zentralen Marktplatz. Doch im letzten Jahrhundert sind Wochenmärkte bei den meisten ein bisschen aus der Mode gekommen und wurden vielfach durch die Obst- und Gemüsetheken der Discounter ersetzt. Dort waren und sind Verpackungen notwendig, um Stabilität, Haltbarkeit und Hygiene zu gewährleisten. Allerdings wurden sie bald derart häufig und in unsinnigsten Kontexten (eine geschälte, aber in Plastik eingeschweißte Banane?) eingesetzt, dass die Materialverschwendung groteske Züge annahm. Denkt da jemand an die Umwelt?

Manche schon. Neuerdings versuchen Unternehmer immer häufiger, den verpackungsfreien Handel eines Wochenmarktes mit den Vorzügen eines Supermarktes zu kombinieren. Heraus kommen verpackungsfreie Läden nach dem Vorbild von *Unverpackt* in Kiel, das Pionier auf diesem Gebiet war. In der Würzburger Sanderstraße hat diese Aufgabe seit Frühjahr 2017 *Unverpackt Würzburg* übernommen. Das Prinzip: Wer einkaufen möchte, bringt eigene Gefäße mit, die vor dem Rundgang einmal gewogen werden. Ein Aufkleber verewigt das Leergewicht, an der Kasse wird kontrollgewogen, und die Differenz ergibt das Reingewicht der Ware. Und diese Ware ist durchaus vielfältig: In riesigen, von der Decke hängenden Kolben sind allerlei Hülsenfrüchte untergebracht, geschrotete und gemahlene Getreidesorten, Nudeln, Müsli und Nüsse. Anderswo im Laden gibt es Obst und Gemüse, Gewürze, Apfel- oder Mirabellensaft aus regionaler Herstellung, Tee, Kaffee, Milch, Kartoffeln, Ketchup und Pasten, kurzum: eigentlich ein Vollsortiment für den täglichen Bedarf.

Der Schwerpunkt liegt auf regionalen Marken wie *Bieringer-Mühle* aus Bad Griesbach, dem Feinkostproduzenten *Georg Thalhammer* aus Steinfeld oder *Burk's Nudeln*, einer Manufaktur für Nudelkunst aus Mainfranken. Neben Lebensmitteln bietet *Würzburg Unverpackt* auch ein kleines Drogeriesortiment an: ökologisch produzierte Seife, Duschgel, aber auch leicht abbaubare Reinigungsmittel. Die Gründer um die Mittvierzigerin Susanne Waldmann sind Überzeugungstäter. Ökologie ist ihnen allen eine Herzensangelegenheit. Der Kassierprozess geht hier vielleicht nicht immer so zügig voran wie bei Discountern, dafür geht das Personal auf jeden Kunden ein und geizt nicht mit Ratschlägen rund um einen nachhaltigen Lebensstil.

Neue Mitte

Die Würzburger Stadtplaner dürften Großes im Sinn gehabt haben, als sie die Verlängerung des Zentrums in Richtung Eichhornstraße geplant haben: Den Bodenbelag haben sie als 150 Quadratmeter großen QR-Code designt, der womöglich vom Mond aus, mindestens aber mit Google Earth aus der Vogelperspektive sichtbar sein soll. Würzburg-Touristen, die sich vorab per Satellit über ihr Ausflugsziel informieren, können am Bildschirm den Code entdecken und jauchzend ihr Handy zücken. QR-Scan-App aufgerufen, abfotografiert und zack fertig, schon landet man auf einer Übersichtsseite, wo sich die Werbegemeinschaft *Würzburgs Neue Mitte* mit ihrem Maskottchen, Eichhörnchen Mitty, und all den neuen Shoppinggelegenheiten präsentiert.

So weit die Theorie. Ob der QR-Code schon mal gescannt wurde und ein Comic-Eichhörnchen ein gutes Maskottchen für eine neue Einkaufsstraße ist, konnte bisher nicht bestätigt werden. Die Neue Mitte Würzburgs aber ist tatsächlich hübsch geraten: Nicht

nur, dass durch das Areal nordöstlich der Tramlinien der Zentrumsbereich um gefühlte 25 Prozent Fläche aufgewertet wird, nein: Das Ganze entzerrt auch noch Feste wie den Weihnachtsmarkt und die → *Häfelesmess* (s. S. 26f.). Die hochwertigen Straßenmöbel (in Kombination mit den teils futuristisch anmutenden Beleuchtungskonzepten) wurden dazu vom ersten Tag an von Passanten in Beschlag genommen, die den öffentlichen Raum zum Flanieren und Verweilen nutzen.

Dass der Stadtrat jeden zusätzlichen Quadratmeter der Neuen Mitte mühsam den Autofahrern abringen und in einer eigenen Verordnung zur Fußgängerzone deklarieren musste, gleicht hingegen angesichts einer mächtigen Auto-Lobby dann doch schon fast einem Wunder. Und ist ehrlich gesagt viel bemerkenswerter als ein QR-Code, den man vom Mond aus sehen kann.
www.eichhornstrasse.de

TOP 5 FAMILIEN ORTE

1 Wunschlos Glücklich

Das *Wunschlos Glücklich* serviert nicht nur die besten Waffeln mit hausgemachtem Apfelbrei, sondern bietet neben charmanten, bequemen Sofas drinnen und Hollywood-schaukeln draußen auch eine riesige Kinderecke. Dementsprechend viele Mamas und Papas verbringen den Vormittag hier bei einem Pott Kaffee. • wunschlos-gluecklich.net

2 Spielplatz Landesgartenschau-Gelände

Das Landesgartenschau-Gelände von 1990 (Zeller Str. 43a) zwischen den winkeligen Mauerzügen der Festung hat von seinem Charme nichts eingebüßt. Vor allem der Wasserspielplatz ist ein wunderbarer Ort für Familien. In der heißen Jahreszeit können die Kleinen dort an einem Bachlauf mit Handpumpen das flüssige Element erkunden.

3 Würzburger Kinderfest

Das *Internationale Kinderfest* findet jedes Jahr am ersten Sonntag im Mai in der Würzburger Innenstadt statt. Neben einem kinderfreundlichen Rahmenprogramm gibt es Stände mit Glücksrad, Hüpfburg, Kinderschminken, Kistenstapeln, Ponyreiten, Basteln ... Der Erlös geht an ein Projekt der *Deutschen Lepra- und Tuberkulosehilfe*.

4 Tierpark Sommerhausen

Der Tierpark ermöglicht seinen kleinen und großen Besuchern ein hautnahes Erlebnis mit einheimischen Haus- und Nutztieren. Neben dem Zoo, einer Umweltstation, einem Wasserspielplatz und einem Café wird auch Ponyreiten und therapeutisches Reiten für Kinder mit Behinderung angeboten.• www.tierparksommerhausen.de

5 Mitmachkino im Central

Jeden zweiten Sonntag um 15 Uhr heißt es: »Mitmachkino für Kinder« im Programmkino *Central*. Die Kids drucken Kinokarten mit der Computerkasse, reißen die Karten am Kinoeingang ab, besichtigen den Vorführraum oder sagen den Kinderfilm mit dem Mikrofon an, der dann um 16 Uhr beginnt. Dazu gibt's Basteleien und Spiele. • www.central-bb.de/kinderfilme/

WÜRZBURG ERLEBEN DER GEHEIMTIPP

Die User von *Würzburg erleben* haben gewählt, das ist ihr exklusiver Tipp:

Fit Mamas! • www.getfitoutdoors.de

Claudia Herbig: »Besonders viel Spaß haben wir als Familie einmal im Monat auf dem Sanderrasen. Hier heizt uns Kelly Knapp von Get Fit Würzburg & Fit Mamas *mit ihrer motivierenden Art und dem unverkennbaren australisch-kanadischen Akzent ein. Die Eltern schwitzen – die Kinder spielen!«*

ESSEN & TRINKEN

Burgerheart, Neubaustr. 8, 97070 Würzburg
Tel. 09 31/61 94 79 10, wuerzburg.burgerheart.com
Tägl. ab 17.00
Neubaustraße: Linie 1, 3, 4, 5

15. Kenner am Werk

Fleisch zwischen zwei Brötchenhälften kann Würzburg eigentlich ganz gut – jedenfalls wenn es um die → *fränkische Bratwurst* (s. S. 90f.) geht. Hippe Burgerkultur allerdings hat sich in der Stadt am Main bisher noch nicht so durchgesetzt: Die meisten Burgerläden, die man in der Innenstadt findet, packen fertige »Patties« aus der Tiefkühltruhe zwischen aufgebackene »Buns«, und so richtig würzig will das Gesamtprodukt am Ende auch nicht schmecken.

Wie gut, dass es seit 2013 die *Burgerheart*-Zentrale in der Neubaustraße gibt! Denn die lässt das Herz eines jeden Burger-Liebhabers tatsächlich höherschlagen. Nicht nur, dass in das Hack hier schon bei der Zubereitung richtige Röstaromen übertragen werden, sodass würzige und herzhafte Patties entstehen. Nein, besonders bei den Buns merkt man, dass Kenner am Werk sind: Tag für Tag wird der Teig für die Burgerbrötchen von einem Bäckermeister in echter Handarbeit selbst zusammengerührt. Dem Kunden bleibt die Qual der Wahl zwischen vier Ausführungen: Ein typisches Brioche-Brötchen, Vollkorn, Sesam oder sogar Laugenteig kommen als Ober- und Unterteil für den Burger infrage.

Klassischerweise packt man dann zusätzlich zum Rindfleisch dazwischen noch Salat, Tomaten, Zwiebeln und Käse, aber weil die Köche im *Burgerheart* besonders gerne experimentieren, gibt es Monat für Monat und passend zur Saison zahlreiche Spezialangebote: von Spargel über Pulled Pork bis hin zu getrockneten Tomaten und italienischem Landschinken. Hinzu kommen allerlei Delikatessen, die das Burgermenü zusätzlich ergänzen und aufwerten: French Fries, kanadische Pommes-Aufläufe namens »Canadian Fries« (auch bekannt als »Poutines«), geröstete Zwiebelringe, der amerikanische Krautsalat »Cole Slaw« oder die beliebten Süßkartoffel-Pommes. Wer sich gar nicht entscheiden kann, der bestellt mit Freunden einmal die »Frytastic Four«, eine XXL-Platte mit vier frittierten Variationen und vier Dips zur Auswahl.

Bei all den Leckereien wundert es nicht, dass das *Burgerheart* im Würzburger Fast-Food-Einerlei besonders heraussticht. Man gönnt es den Gründern, dass sie ihr erstmals am Main erprobtes Konzept mittlerweile in viele andere Städte exportiert haben: *Burgerhearts* finden sich nämlich auch in Heilbronn, Pforzheim, Leipzig, Dresden, Wertheim, Halle, Ulm, Fürth und Bamberg, weitere Filialen sind in Planung.

Café Fred, Herzogenstr. 4, 97070 Würzburg
Tel. 09 31/70 52 67 83, www.cafefred.de
Mo–Sa 8.00–19.00, So 9.00–18.00
Dom: Linie 1, 3, 4, 5

16. Für Veganer und Foodblogger

Mit gutem Kaffee, einfallsreichen kleinen Speisen und einem stylischen Aussehen ist es dem *Café Fred* gelungen, ein Stück Großstadt ins beschauliche Würzburg zu holen. *Fred* ist hell, clean, minimalistisch und sehr hip. In der schwarz, weiß und dunkelbraun gehaltenen Einrichtung spiegelt sich der momentan so angesagte skandinavische Einrichtungsstil wider. Markenzeichen sind auch die vielen Glühbirnen, die an langen, schwarzen Kabeln von der Decke herab – fast bis auf die etwa zehn Tische – hängen. Die weißen Wände sind ohne jedes Dekor. Nur die Tagesempfehlungen prangen auf großen Packpapierrollen an der Wand.

Ein kleiner Nebenraum wird dominiert von einer aus Backsteinen gemauerten Theke – für den Espresso im Stehen oder den »Matcha Latte« to go. Oder wie wäre es mit einem »Affogato« (Espresso und Vanilleeis) oder einem »Blacktonic« (Tonic Water und Espresso)?

Auch die Brote und Sandwichs können zum Mitnehmen bestellt werden – beispielsweise zum Picknicken an der → *Mainpromenade* (s. S. 206f.). Denn vom *Café Fred* in → *Würzburgs Neuer Mitte* (s. S. 40f.) ist der Fluss fußläufig schnell erreicht. Herrliche sonnige Plätzchen gibt es aber auch auf den vielen Außenplätzen des Eckcafés. Hier hat man es deutlich ruhiger als drinnen, wo der Lärmpegel bei vollbesetztem Haus schon mal unangenehm werden kann.

Als sich Linda Liegau im Juni 2015 mit ihrem Traumcafé selbstständig machte, legte sie den Fokus auf gutes, vor allem vegetarisches und veganes Essen. Besonders empfehlenswert ist das köstliche Frühstück (unbedingt vorher reservieren!): Porridge mit Mandelmilch, Apfelstückchen, Honig und Zimt zum Beispiel oder das geröstete Schwarzbrot mit Guacamole und pochiertem Ei. Sehr beliebt sind auch die hausgemachten Backwaren, wie der Erdnussbutter-Bananenkuchen. Und alles ist so hübsch angerichtet: Der Joghurt mit Früchten wird in kleinen Weckgläsern serviert, das Brot in Körben aus Papier. Bei *Fred* kommen alle auf ihre Kosten: Hipster, Veganer, Foodblogger, Studis – und junge Familien, denn es gibt farblich zur Einrichtung passende *Tripp Trapps* und einen Wickeltisch mit Spielzeug.

Café Milchstern im Forum Botanische Kunst
Obere Hauptstr. 18, 97291 Thüngersheim
Tel. 0 93 64/81 36 33, www.botanische-kunst.de
Sa, So u. Fei 13.00–18.00 während der Ausstellungen
Mit RB ab Würzburg Hbf. bis Thüngersheim

Tipp: Neben der Galerie befindet sich das Atelier von Sylvia, in das Besucher jederzeit einen Blick werfen dürfen. Mit etwas Glück kann man »Botanischer Kunst« bei der Entstehung zusehen. Die Kunstwerke können auch käuflich erworben werden.

17. Kunstpause

»Botanische Kunst – sind das Blumenbilder?« Diese Frage hören Sylvia Peter und ihr Mann Michael Junginger häufiger. Die Malerin und der Forstsachverständige gründeten 2009 das *Forum Botanische Kunst* im historischen Ortskern von Thüngersheim und prägten einen Kunstbegriff, der in Deutschland so bisher nicht gebräuchlich war. »Botanische Kunst« ist viel mehr als nur Blumenkunst. Die zeitgenössischen Aquarelle, Malereien, Grafiken und Fotografien von einigen der renommiertesten Botanischen Künstlern aus Großbritannien, Frankreich, den USA und Japan sind stark geprägt von der naturwissenschaftlichen Illustration, erzählen aber immer etwas über die Welt der Pflanzen, das man in der Art der künstlerischen Umsetzung so noch nicht gesehen hat. Als einzige Galerie europaweit setzt sich das *Forum Botanische Kunst* ausschließlich mit der Pflanzenwelt auseinander.

Wer sich nach dem Galeriebesuch stärken oder mit Sylvia über ihre Pflanzenmalerei plaudern möchte, der schlendert von der ehemaligen Scheune rüber ins *Café Milchstern*. Das denkmalgeschützte Gebäude mit dem schönen Namen »Alter Stern« stammt aus dem 17. Jahrhundert und wurde 2006 von Michael und Sylvia grundlegend saniert. Anfang des 20. Jahrhunderts wurde hier eine Dorfschänke mit Metzgerei betrieben. Im charmanten Café sind noch etliche originale Teile enthalten – die Holzvertäfelung, die bleiverglasten Fenster, der Terrazzofußboden, aber auch das mit Jugendstilfliesen ausgekleidete Metzgereischaufenster samt Wursthaken. Andere Gegenstände, wie den herrlichen Gründerzeit-Kachelofen oder die Wandleuchter, brachte der neue Besitzer Michael aus seiner Allgäuer Heimat mit in den verträumten fränkischen Weinort.

Im *Milchstern* können Kunst- und Kaffeeliebhaber hausgemachte, teilweise gluten- und laktosefreie Kuchen sowie Kaffee und Tee aus fairem Handel genießen. Im Angebot sind auch Produkte der Würzburger *Genießermanufactur*. Das Café ist direkt mit dem *Forum Botanische Kunst* verbunden und zu Ausstellungszeiten geöffnet. Ein Besuch lohnt auch ohne Galeriebesichtigung.

Café Neubau, Neubaustr. 20, 97070 Würzburg
Tel. 09 31/26 09 99 43
Mo–Sa 9.00–24.00, So 10.00–22.00
Neubaustraße: Linie 1, 3, 4, 5

18. Latte Art und heiße Omi

Wer in Würzburg einen richtig guten Kaffee trinken möchte, der geht ins → *Martinelli* (s. S. 70f.), ins → *Nähcafé Edeltraud* (s. S. 212f.) oder ins *Café Neubau*. Letzteres hat den Vorteil, dass der Kaffee hier nicht nur köstlich schmeckt, sondern auch noch großartig ausschaut. Kredenzt wird er nämlich von Barista Daniel Gerlach, dem deutschen Meister in der »Latte Art«. Die Kunst dabei: Der Milchkaffee oder Cappuccino (2,10 Euro) wird so zubereitet, dass die eingegossene Milch ein »Bild« ergibt, zum Beispiel aus Herzen, Blättern oder Blumen. Barista Daniel ist mit einem sich spiegelnden Schwan Latte-Art-Meister geworden. Das Bild entsteht jedoch nicht durch »Zeichnen« auf der Oberfläche, Latte-Art-Künstler wie Daniel »Schwanenkönig« Gerlach nutzen geschickt die Strömungskraft des Milchschaumes beim Eingießen.

Serviert wird das trinkbare Kunstwerk im *Café Neubau* auf einem der kleinen Holztische. Die Stühle stehen hier so eng beieinander, dass man den Gesprächen am Nachbartisch locker zuhören könnte. Das stört aber keinen. Die Atmosphäre ist gemütlich und zwanglos, und die meisten sind sowieso Stammgäste. Sie verbindet die Leidenschaft für Kaffee, aber auch für das gute Essen der täglich wechselnden Karte. Und sie schätzen das überaus nette Team rund um Gründerin Eva Dietrich und Barista Daniel. Als Frohnatur Eva Ende 2012 ihr Café schräg gegenüber der Neubaukirche eröffnete, stand für sie das Motto fest: »Essen, trinken, wohlfühlen«. In gemütlicher Einrichtung und bei unaufdringlichen Jazzklängen soll es den Gästen einfach gut gehen. Wem es drinnen zu eng wird, kann sich auch draußen ein Plätzchen suchen, dort ist es im Hochsommer herrlich schattig.

Neben den meisterlichen Kaffees sind übrigens ebenso die selbst gemachen Eistees und Limos empfehlenswert. Viele Fans hat auch die »Omi«, ein Getränk bestehend aus warmem Orangensaft, Ingwer und Pfefferminze. Dazu schmeckt der würzige Rotweinkuchen mit Kirschen und Schokostückchen oder der Flammkuchen mit Rucola und Schinken. Auch frühstücken kann man im *Café Neubau* sehr gut. Aber Achtung: Zur Frühstückszeit bekommt man ohne Reservierung selten einen Platz. Abends verwandelt sich das *Neubau* in eine stylische Bar. Mit einem Maracuja-Spritz in der Hand kann man – ganz gemütlich – die funky, jazzy, deep und soulful Klänge der Live-Bands und DJs genießen.

Café Rudowitz, Sanderstr. 10a, 97070 Würzburg
Tel. 01 75/8 55 31 08, www.cafe-rudowitz.de
Tägl. 9.00–19.00
Sanderring: Linie 1, 2, 4, 5

19. Armer Poet

Oliver Rudowitz ist so ein Typ, mit dem man stundenlang über Gott und die Welt plaudern kann – oder über seinen Namen zum Beispiel. Der erinnere die Leute nämlich an einen armen Poeten. Wunderbar, dachte sich Oliver und verpasste seinem Café bei der Gründung 2011 den eigenen Nachnamen als Titel.

Bei der herrlich gemütlichen und ungezwungenen Wohnzimmer-Atmosphäre fühlen sich (arme) Poeten sicherlich wohl. Denn auf und an den alten, zusammengewürfelten Stühlen und Tischen kann man stundenlang sitzen, ein Buch lesen oder Gedichte schreiben und an einer hausgemachten Limonade (3,80 Euro) nippen. Sicherlich kommt dann auch mal Emma vorbei, Olivers Hund, der zum Mobiliar zu gehören scheint wie die Holzdielen, auf denen er ruht.

Wer sich den Namen *Rudowitz* nicht merken kann, nennt es auch gerne »das Schaufenstercafé«. Denn hier kann – wer sich traut – auf einem antiken Sessel mitten im Schaufenster ruhen und seine Mahlzeit auf einem kleinen Nachttischchen einnehmen. Und zwar am besten die hausgemachten Waffeln, den Milchreis oder die selbst gebackenen Kuchen (2,50 Euro). Von Letzteren gibt es täglich mindestens sechs verschiedene Varianten, darunter ein bis zwei vegane und ein glutenfreier Kuchen. Ein Geheimtipp ist das *Rudowitz* am Morgen, wenn die armen Poeten gewöhnlich noch schlafen. Denn das Frühstück ist einfach himmlisch. Serviert bekommt man es auf altmodischen Goldrand-Etageren. »Elenore von Wiesenglück« (6,80 Euro) besteht zum Beispiel aus Obst mit Joghurt, Käse, Marmelade oder Honig, dazu einem Korb mit Brötchen – alles frisch, bio und sehr lecker.

Inspirationen für seinen 35 Quadratmeter kleinen Laden holte sich Rudowitz bei Besuchen in Hamburg. Von überall her sammelte er sich dann die Einrichtung zusammen – die weißen und dunkelbraunen Tische und Stühle, die alten Kommoden, die Kronleuchter und die Nierentischchen vor den Fenstern, auf denen sich vergilbte Bücher stapeln. Das Auffälligste im *Rudowitz* ist jedoch die grüne Blümchentapete. Sie leuchtet schon von Weitem durch das Schaufenster nach draußen und lockt unter der Woche vor allem FH-Studenten in das Café. Richtig voll wird es samstags zwischen 11 und 16 Uhr. Reservierungen sind über Facebook ab fünf Personen möglich.

Fischbar zum Krebs, Kärrnergasse 12, 97070 Würzburg
Apr–Okt tägl. 14.00–22.00
Rathaus: Linie 1, 3, 4, 5

20. Vom Main in den Mund

Ein Meefischli, so sagt es der Volksmund, schwimmt in seinem Leben immer drei Mal: erst im Main, dann im Fett und schließlich im Wein, denn mit Letzterem spült man traditionell die frittierten Minifischchen hinunter. Ein Meefischli kann eine Grundel sein, eine Laube oder ein Rotauge, und am besten lässt sich der fischige Snack derzeit auf der *Fischbar zum Krebs* verzehren.

Der schwimmende Schnellimbiss ist quasi ein Pop-up-Store, wie es neudeutsch so schön heißt. Der rote Kutter war einst ein Forschungsschiff der TU München, hat im September 2011 aber zum ersten Mal am Mainufer den Anker ausgeworfen und ist seitdem immer in den Monaten April bis Oktober unterhalb des → *Mainkais* (s. S. 206f.) zu finden. Seitdem versucht ein junges Team aus Gastronomen, Köchen und Liebhabern des maritimen Lebensgefühls, in Würzburg einen Kontrast zur Bratwurst- und Leberkäskultur zu etablieren. Außer den Meefischli werden Fish & Chips serviert, Hamburger *Astra Urtyp* in der typisch bauchigen Flasche und natürlich auch ein fränkischer Schoppen.

Das Essen in der *Fischbar* ist solide und reißt mit fünf bis zehn Euro kein allzu großes Loch in den Geldbeutel, aber der wahre Grund, sie aufzusuchen, ist der Main selbst. Nirgendwo sonst ist man dem Wasser näher als auf dem Deck des Kahns, und während man 15, 30 oder bei sonnigem Wetter auch mal 45 Minuten auf sein Fish-Fast-Food wartet, kann man sich gemütlich in den Feierabend schaukeln lassen. Das Konzept kommt gut an: Mit ihrem hanseatischen Flair begeistert die *Fischbar* mittlerweile einen beachtlichen Kreis an Stammkunden.

Auf den ist sie in letzter Zeit auch angewiesen: 2016 wurde bekannt, dass der Besitzer das bisher nur verpachtete Schiff verkaufen will. Klar, dass die *Fischbar*-Crew gerne selbst der Käufer sein will, und deshalb wurde eine bis heute offene Crowdfunding-Kampagne gestartet. Um die Raten von je 20 000 Euro zu verdienen, bieten die *Krebs*-Betreiber Gold- und Silber-VIP-Karten (mit dem eigenen Namen eingravierte Messingplatten am Schiffbug) an und auch einen Kutter-Kalender mit Eigenwerbung: »Matrosen wie du sie noch nie gesehen hast«. Der Erlös wandert in die »Retter-Kasse«. Daumen drücken, dass die Crew noch lange nicht baden geht!

Il Felice, Pleicherschulgasse 6, 97070 Würzburg
Tel. 09 31/97 09 50 50
Di–So 17.30–23.00

21. Essen bei Freunden

Das *Il Felice* liegt etwas versteckt in einer kleinen, ruhigen Gasse der Würzburger Pleich. Wer auf der Suche nach einer Pizza ist und zufällig hier landet, der wird von Giovanni schon mal darauf hingewiesen, dass das *Il Felice* keine Pizzeria ist. Das macht aber nichts, denn hier wird trotzdem eine der besten, wenn nicht sogar die beste Pizza der Stadt serviert. Eigentlich schmeckt hier jedes Gericht ganz besonders gut und macht auch optisch etwas her. Die Pasta ist al dente und der Service spitzenmäßig.

Das *Il Felice* befindet sich seit 2015 in dem kleinen, gemütlichen Lokal auf zwei Etagen. Besonders nett sitzt man im romantischen Innenhof oder an einem der vier Tische vor dem Restaurant. Der begrenzte Platz erzeugt ein familiäres Ambiente. Das Gefühl, bei Freunden zu essen, wird verstärkt von Inhaber Giovanni M. Christoph. Er ist immer präsent und hat ein offenes Ohr für alle Wünsche. Auch sein Kellnerpersonal ist aufmerksam, die soliden Kartengerichte und die hervorragenden Tagesessen werden den Gästen mündlich am Tisch vorgestellt. Dazu gibt's Empfehlungen mit Details zu den Zutaten und zur Zubereitung. Da wären zum Beispiel hausgemachte Nudeln mit Trüffel oder Lachs, Spaghetti Aglio Olio, Strozzapetri oder Insalata di Pomodoro. Empfehlenswert sind auch die Antipastiplatten und die Lasagne. Die Gerichte spiegeln Italien hundertprozentig wider – nur die Portionen sind eher fränkisch als italienisch.

Bei Giovanni und seinem Team geht es um wirklich gutes Essen. Essen als Kunst. Dabei sind die Preise (um die 10 Euro für eine Hauptspeise) absolut fair und angemessen. Da viele Stammkunden das Lokal besuchen, ist eine Reservierung vor allem am Wochenende empfehlenswert. Als »Stammgast« fühlt sich allerdings schon, wer zum ersten Mal das *Il Felice* besucht. Dazu trägt sicherlich auch die Freigiebigkeit von Giovanni bei. Der raucht mit seinen Gästen nach dem Essen eine gute Havanna, schickt einen Gruß aus der Küche oder einen Grappa aufs Haus. Und zum Schluss gibt's auch mal eine Umarmung vom Chef. Ein Gefühl, fast wie im Urlaub.

Kai Sushi & Bar, Juliuspromenade 44, 97070 Würzburg
Tel. 01 62/9 66 66 96, www.kai-sushibar.de
Mo–Sa 11.00–15.00 u. 17.00–22.30, So u. Fei 17.00–22.30
Juliuspromenade: Linie 1, 2, 3, 5

22. Viet-japanische Glückseligkeit

Mittlerweile gibt es auch in Würzburg Sushi-Restaurants en masse. Wie kann sich also ein neues Lokal vom Rest abheben? Durch eine geschmackvolle Einrichtung zum Beispiel, oder durch besonders frische Zutaten, ein stylisches Anrichten auf den Tellern und kreative Zusammenstellungen. Oder am besten durch all das zusammen.

Das dachten sich auch Nguyen Dac Dung und Dinh Huu Duc, als sie 2016 *Kai Sushi & Bar* eröffneten. Und das Konzept ist aufgegangen. Das Restaurant vereint vietnamesische Küche und japanische Kochkunst. Die Einrichtung ist zeitgemäß, clean und doch irgendwie traditionell asiatisch; die angenehme Zurückhaltung im Design verhindert stilvoll die Kitschfalle.

Bei den Gerichten gilt analog: Geschmack ja, Geschmacksverstärker nein. Alles wird frisch und mit viel Liebe zum Detail zubereitet. Die Speisekarte ist gefüllt mit leckersten Sushi-Rolls-Gerichten – neben Klassikern auch neue Kreationen. Zum Beispiel »Pankow Ducks«-Rollen mit Ente im knusprigen Teigmantel, »Inside Outs« mit Lachs und Apfel (sehr deutsch), »Crunchy Rolls« mit Lachs oder »Tiger Rolls« mit panierter Riesengarnele und Gurke. Aber auch Nicht-Sushi-Esser kommen bei *Kai* auf ihre Kosten. Wie wäre beispielsweise ein Kokos-Curry mit Seidentofu oder die gebackene Banane mit cremiger Kokossauce und gerösteten Erdnüssen (3,50 Euro)? Sehr empfehlenswert sind auch die »Fresh Homemade Drinks«, wie der »Berry Lover« mit Erdbeerpüree, Limette und Minze. Eine abschließende Empfehlung des überaus freundlichen Personals ist der vietnamesische Kaffee (3 Euro). Und dann heißt es: »Sind aus dem Laden gerollt vor Glückseligkeit«, wie ein Nutzer bei *Tripadvisor* schrieb.

Einziger Kritikpunkt: Drinnen kann es schon mal voll und laut werden. Da die Tische sehr nah beieinander stehen, hört man automatisch den Gesprächen der Tischnachbarn zu. Wen das stört, kann im Sommer in den netten Außenbereich fliehen. Alternative: online bestellen und die Speisen mitnehmen. Zum Beispiel die günstige Bento-Box als Drei-Gänge-Menü to go.

Köhlers BioCafé und mehr, Alte Mainbrücke, 97070 Würzburg
Tel. 09 31/57 17 18, www.koehlers-vollkornbaeckerei.de
Mo–Sa. 7.00–20.00, So u. Fei 8.00 –20.00
Rathaus: Linie 1, 3, 4, 5

Tipp: Das Köhlers auf der Alten Mainbrücke schenkt auch Weine aus. Zum Bio-Wein schmeckt das Weingebäck »Meefischli«.

23. Vom Außenseiter zum Trendsetter

Als der gelernte Bäckermeister und Diplom-Sozialpädagoge Ernst Köhler 1986 eine Bio-Bäckerei eröffnete, hielten die Leute ihn für einen Spinner. In einer Zeit, in der biologische Ernährung noch als exotisch und exzentrisch galt, mietete er einen kleinen Laden im Stadtbezirk Sanderau und belieferte zunächst Naturkostläden und Reformhäuser. Zu Beginn der 1990er ging es dann Knall auf Fall: 1989 erste Bäckerei in der Sanderau, 1991 zweite Filiale am Aufgang zur Alten Mainbrücke, 2008 schließlich ein dritter Standort in Rottenbauer. Letzterer ist in der ehemaligen Reithalle des benachbarten Schlösschens untergebracht, dort befindet sich neben der Verwaltung heute auch die Backstube.

Gebacken wird hier eigentlich noch wie zu Urgroßmutters Zeiten, also mit den Händen und mit »echten« Zutaten. Täglich werden aus verschiedenen Getreiden wie Dinkel, Roggen, Amaranth oder Quinoa eigene Mehle gemahlen. Eine Spezialität des Hauses ist Emmer, eine alte Getreidesorte aus der Region, die momentan eine Renaissance erfährt. Jeden Tag wird ein Drei-Stufen-Sauerteig angesetzt, der 24 Stunden gehen muss, um reif und bekömmlich zu sein. Das hat seinen Preis. Wer in der *Vollkornbäckerei Köhlers* einkauft, zahlt deutlich mehr als bei konventionellen Bäckern.

Dafür erhält man köstliche Brote, Brötchen, Gebäck und Kuchen. Das Angebot richtet sich stets nach der Saison: Zur Faschingszeit gibt es Schoko-Dinkel-Krapfen, Erdbeerkuchen dann im Juni/Juli, Zwetschgenplootz im September/Oktober und das grandiose Kürbisbrot mit frischem Hokkaido nur im Oktober/November. In der Weihnachtszeit kann man sich über Bio-Lebkuchen und Bratapfelbrot freuen.

Seit einigen Jahren sind an die Bäckereien kleine Bistros angeschlossen. Die am schönsten gelegene Filiale ist die Bäckerei auf der Alten Mainbrücke. Nimmt man dort auf einem der Barhocker Platz, überblickt man die Domstraße in ihrer gesamten Länge.

Verkosten kann man hier zum Beispiel Sauerkrautpufferl an Pilzrahmgulasch, Nudelauflauf in Zitronen-Lauch-Sauce oder veganen Döner. Und zum Nachtisch vielleicht eine Schokobanane oder ein Bio-Eis mit Hagebuttengeschmack (1,30 Euro)? Als Spinner bezeichnet Ernst Köhler heute keiner mehr. Stattdessen kann sich der Geschäftsmann mit zahlreichen Auszeichnungen und Zertifikaten schmücken. *Der Feinschmecker* beispielsweise zeichnete *Köhlers* als eine der besten Bäckereien Deutschlands aus.

Main Döner, Friedrich-Spee-Str. 13, 97072 Würzburg
Tel. 09 31/7 90 34 12, www.main-doener.de
Mo–Sa 10.30–22.30, So 14.00–22.30
Arndtstraße: Linie 1, 4

24. Zu groß für die Hand

Eine Gabel zum Döner? Gemeinhin gilt als spießig, wer das gepresste Putenfleisch und das Gemüse aus dem Fladenbrot mit Besteck herauspickt, statt mit beiden Händen alles einmal zusammenzudrücken und herzhaft zuzubeißen. Doch wer in der Würzburger Sanderau für 4,70 Euro einen stattlichen Döner erwirbt, der hat nicht nur verhältnismäßig viel Geld investiert, sondern bekommt auch was für sein Geld: Über 15 Zentimeter misst ein voll belegter Döner an seiner dicksten Stelle, Tomaten, Gurken und Zwiebeln fallen da bei der Übergabe schon fast von alleine zu Boden.

Der Döner Kebap an sich ist ja eine deutsche Erfindung. Die Zutaten sind zwar originär türkisch, aber während man am Bosporus noch gemütlich genug ist, sein Essen vom Teller zu sich zu nehmen, wurde in Berlin irgendwann in den 70ern zum ersten Mal Fleisch und Gemüse derart in ein aufgeschnittenes Fladenbrot gepresst, dass man sie »to go« verzehren konnte. Seitdem sprießen die Döner-Läden in Deutschland wie Pilze aus dem Boden und könnten zusammengenommen eine Fast-Food-Kette bilden, die ein Vielfaches der Größe und des Umsatzes von *McDonald's* erzielen würde.

Doch während man in Berlin und vielen anderen Regionen des Landes den Döner standardmäßig in einem geviertelten, noch mal kurz aufgetoasteten Fladenbrot erhält und aus Plastikflaschen die Fertigsoßen hineingespritzt werden, gibt man sich bei *Main Döner* besonders viel Mühe mit der Zubereitung. Die kleinen, selbst gebackenen Teigscheiben sind saftiger und vollmundiger als ihre weit verbreiteten Verwandten, der Salat ist fast so frisch wie aus dem eigenen Schrebergarten, und die Saucen sind allesamt selbst zusammengerührt. Die Speisekarte wird ergänzt durch Pizzen und türkische Tagesgerichte.

Wer also nach kurzer Wartezeit seinen XXL-Döner über dem Tresen in Empfang genommen hat, dem bleibt eigentlich gar nichts anderes übrig, als mit einer Gabel vorne auf der Sommerterrasse Platz zu nehmen und den gefüllten Fladen besinnlich im Sitzen zu verzehren. So gesehen hat der *Main Döner* es geschafft, das gebratene Fleisch am Spieß wieder hin zu seinen Slow-Food-Ursprüngen zu bringen. Wer allerdings mal nicht ganz so viel Hunger, Zeit oder Geld hat, der kann auch getrost zum Minidöner greifen, der nicht minder lecker, aber auf jeden Fall to go zu genießen ist.

Maincake Würzburg, Sterngasse 4, 97070 Würzburg
Tel. 01 63/7 88 31 77, www.main-cake-wuerzburg.de
Di–Fr 10.00–18.00, Sa 10.00–17.00, Mo u. So Ruhetag
Dom: Linie 1, 3, 4, 5

Tipp: Christian und Marcus nehmen auch Bestellungen für Hochzeits- oder Geburtstags-Cheesecaketorten an.

25. Genuss von glücklichen Kalorien

Zwei Männer und ein Kuchen: Konditor Christian Kleinschnitz und Flugbegleiter Marcus Topsnik lieben die amerikanische Backkunst. Nachdem sie auf einer USA-Reise ihren ersten Cheesecake in der *Cheesecake Factory* in New York probierten, waren sie ihm verfallen. Fasziniert von der Cremigkeit und unglaublichen Wandelbarkeit dachten sich die beiden: »Das können wir auch!«, schmissen ihre Jobs hin und verschrieben sich fortan ganz dem Käsekuchen.

Über ein Jahr lang tüftelten, recherchierten und probierten sie. Und schließlich war das perfekte fränkisch-amerikanische Rezept gefunden. Der »Maincake« von Christian und Marcus ist weniger süß als sein amerikanisches Vorbild und verzichtet ganz auf künstliche Aroma- oder Zusatzstoffe. Statt eines Keksbodens verwenden die beiden einen Mürbeteig. Der große Unterschied zum deutschen Käsekuchen: Der Cheesecake besteht aus Frischkäse und nicht aus Quark. Und da die beiden Kuchenjunkies den Rand des Käsekuchens schon als Kind nicht mochten, verzichten sie bei ihrer Variante darauf. Das heißt: köstliche Füllung bis zum letzten Bissen.

Zunächst arbeiteten die Franken ohne Ladengeschäft und nur auf Bestellung. Seit 2015 können die leckeren Maincakes jedoch auch im 34 Quadratmeter kleinen Café genossen werden. Aus alten Paletten bauten Christian und Marcus Tische, Stühle und eine Theke. Und an der Wand prangt die Freiheitstatue mit – natürlich – Cheesecake in der Hand.

Eigentlich ist es falsch, von *dem* Cheesecake zu sprechen, denn den Maincake gibt es in unterschiedlichsten Variationen. Manchmal steht Christian zusammen mit seinem Geschäftspartner und Freund in der Backstube und ist in Experimentierlaune. Ist dann zufällig noch eine Packung *Yogurette* im Kühlschrank, wird diese auf wundersame Weise Teil des genialen »Yogurette Cheesecakes«. Ähnlich entstanden der »Snickers-«, »Oreo-« oder »Banane-Nutella-Cheesecake«. Am besten geht aber der »Buttercrumble« mit Zimt und Streuseln (3,10 Euro). Saison-Variationen sind mit Kokosmakronen, Spekulatius oder Lebkuchen gefüllt.

Wer ein Stück der köstlichen Kuchen ergattern möchte, sollte am besten ab 10 Uhr in der Früh kommen, dann ist die Auswahl noch am größten. Da im Laufe des Tages Gäste aus ganz Franken anreisen, ist die Vitrine in der Regel ab 15 Uhr leer gefegt. Christian und Marcus wollen den Laden jedoch bewusst klein halten. Die Inhaber backen selbst und stehen hinter der Theke. Denn auch das Persönliche macht ihren Laden aus.

Maíz Taquería, Katharinengasse 7, 97070 Würzburg
Tel. 09 31/32 09 50 63, www. maiztaqueria.com
Mo–Fr 18.00–23.00, Sa 12.00-23.00
Dom: Linie 1, 3, 4, 5

26. Tortilla, Mezcal und Fiestastimmung

Wer noch nie eine Tortilla gegessen hat, ist bei den Kreationen des *Maíz* in der Würzburger Altstadt latent überfordert: So überbordend sind die kleinen Maisfladen dort belegt, dass sie sich trotz aller Mühen nicht rollen – und schon gar nicht wie ein Weihnachtsgeschenkpäckchen zusammenfalten lassen. Es bedarf also einer besonderen Tortilla-Falttechnik, bei der das untere Ende nur etwas nach oben und die beiden Seiten nur ein kleines bisschen eingerollt werden. Die auf diese Weise in eine Schaufelform gebrachte Tortilla dient dann auch dazu, ihren Belag mit einem beherzten Schwung in den Mund zu schaufeln, ehe dieser der Macht der Schwerkraft erliegt und auf dem Tisch statt im Magen landet.

Die Maisfladen, deren spanische Bezeichnung übrigens namensgebend für das kleine Restaurant ist, sind in fünf verschiedenen Variationen zu je 8 bis 10 Euro das Paar erhältlich: Hühnchen, Schwein, Rind, Fisch oder vegetarisch mit Süßkartoffeln. Weiterentwickelt und garniert wird der Geschmack jeweils mit weiteren raffinierten Zutaten wie Mango, roten Zwiebeln, Koriander oder Cole Slaw. Die so entstehenden Geschmacksexplosionen lassen es erahnen: Jonah Ramos, Chefkoch und einer der beiden Gründer, hat bereits in mehreren Sterne-Restaurants gelernt und gearbeitet, ehe er sich entschieden hat, seine eigene Taqueria zu eröffnen. Einiges an Herzblut hat er auch in die Inneneinrichtung investiert, um seinen hispanischen Wurzeln hier in Mainfranken Ausdruck zu verleihen.

Als Besucher fühlt man sich gleich in den Sommerurlaub versetzt. Nicht nur der Geschmack der Tortillas und die Inneneinrichtung, auch die Musikauswahl und das internationale Englisch, das hier an jedem zweiten Tisch gesprochen wird, lassen eine Fiestastimmung aufkommen. Und je später der Abend, desto bunter die Gäste: Kurz vor Ladenschluss um 23 Uhr werden regelmäßig mehr und mehr Margaritas und Mezcal ausgeschenkt. Dann mutiert die *Taquería* zu einer waschechten Taverna, und wenn die Besitzer gute Laune haben, packen sie schon mal die Akustikgitarre aus. Mexikanische Nächte sind lang …

Martinelli Caffèbar, Schustergasse 1, 97070 Würzburg
Tel. 09 31/90 76 95 94, www.martinellicaffe.de
Mo–Fr. 7.30–18.00, Sa. 8.00–18.00, So Ruhetag

Tipp: Familie Martinelli bietet regelmäßig Kaffeeseminare an, bei denen Interessierte mit Infos rund um Herkunft, Arten und Röstverfahren von Kaffeebohnen sowie Mahlgrade und die richtige Zubereitung von Kaffeespezialitäten versorgt werden.

27. Deutsch-italienische Herzlichkeit

Die Liebe zum Kaffee war es, welche Gabi und Michael 2008 dazu bewogen hat, den winzigen Laden in der Schustergasse mit Leben zu füllen. Mit *viel* Leben, denn hier ist die ganze Familie beteiligt. Gabi, die Deutsche mit dem großen Charisma, und Michael Martinelli, der kleine, wendige Italiener, einst Kaffeehändler, geboren in Bari. Mit an Bord sind auch Tochter Antonia und die Söhne Manuel und Simon. Alle miteinander sind überaus herzlich, es wird viel gelächelt und gelacht. So ist das *Martinelli* der perfekte Ort, um kurz die Seele baumeln zu lassen und abzuschalten, um sich einen Espresso zu ziehen oder auch eine Kleinigkeit zu essen, bevor man sich wieder in die wuselige Innenstadt stürzt.

Das *Martinelli* liegt ein bisschen versteckt in der Schustergasse, der gemütlichen Seitenstraße, die vom Marktplatz Richtung Domstraße führt und an Weihnachten immer so nett geschmückt ist. 50er-Jahre-Mobiliar trifft in der Kaffeebar auf moderne Bartische und -stühle. Liebevolle Details sind der große Kronleuchter, Häkeldeckchen oder die Postkarten unter der Glasplatte am Wandtisch. Besonders auffällig ist jedoch der große Spiegel an der grau getünchten Wand. Nimmt man auf den Barhockern davor Platz, kann man ungeniert und doch diskret die vorbeiziehenden Passanten betrachten. Eine noch bessere Sicht auf das Treiben hat man natürlich draußen, an den Stehtischen.

Seit 2012 existiert eine zweite *Martinelli*-Filiale – in der Semmelstraße 19. Was beide Läden vereint, ist der besonders gute Cappuccino (2,20 Euro). Hinzu kommen Kaffeespezialitäten wie verschiedene Espressi oder Kaffee-Shakes. Neben dem Tiramisu sind auch die selbst gemachten Panini mit Schinken und Käse, die Focaccia und die kleinen Pasticci aus Brandteig mit Puddingfüllung empfehlenswert. Und wer auch zu Hause oder im Büro nicht auf den *Martinelli*-Kaffee verzichten möchte, der kann zum Beispiel die »Martinelli-Hausmischung« in der schicken aromaversiegelten 125-g-Dose (4,95 Euro) im Laden oder Onlineshop kaufen. Fazit: kleines Café mit großer Atmosphäre!

Polly's Törtchen, Theaterstr. 18, 97070 Würzburg
Tel. 09 31/71 05 86 96
Di–Sa 11.00–18.00, So 13.00–16.00
Juliuspromenade: Linie 1, 2, 3, 5

28. Törtchen, Törtchen, Törtchen!

Der Tag von Sabine Hofmann und Christoph Lehmann beginnt meistens schon um kurz nach fünf. Denn ab sechs Uhr stehen die zwei im Keller ihrer Backstube von *Polly's Törtchen* und zaubern. Sie verzieren Lavendel-Törtchen mit lilafarbenem Glitzer, setzen dem Erdbeer-Cupcake ein Früchtchen auf die Haube oder garnieren die Biertörtchen mit kleinen Knusperbrezen. Wenn die gelernte Bäckereifachverkäuferin und der Konditor eine Cupcake-Torte oder einen Riesen-Cupcake für eine Familienfeier produzieren, dann backen sie auch schon mal die ganze Nacht durch. Denn Törtchen sind ihre Leidenschaft – sieben Tage die Woche.

Ihre Vorliebe für kleine Kuchen mit Sahnehäubchen entdeckten die zwei während ihrer Ausbildung und starteten zunächst mit einem Außer-Haus-Verkauf. Der lief so gut, dass die Zuckerbäcker 2014 ein kleines Café eröffneten. Etwas versteckt liegt *Polly's Törtchen* am Ende der Theaterstraße, nicht weit entfernt vom →*Mainfranken Theater* (s. S. 142f.). Mindestens zehn verschiedene Minitörtchen-Sorten warten dort täglich in den Vitrinen auf die Schleckermäuler: bunt, fluffig, fantasievoll und einfach lecker. Jedes Einzelne ist ein Kunstwerk für sich. Doch nicht nur die Törtchen, auch das Ambiente drum herum ist zuckersüß und einladend: ein bisschen wie bei Oma im Wohnzimmer, ein bisschen Sehnsucht nach den »guten alten Zeiten«. Selbst beim Geschirr bleibt man der Vintage-Linie treu und serviert auf alten Blümchentellern und Sammeltassen.

Das Konzept macht aus Kunden schnell Stammkunden, viele nehmen ihre Lieblingsvarianten mit nach Hause oder verschenken sie. »Habt ihr den Mini-Mix da?« – das ist wohl die häufigste Frage, die man an einem Samstagnachmittag bei *Polly's Törtchen* zu Ohren bekommt. Die Cupcakes-9er-Box (15 Euro) enthält das aktuelle Sortiment im Miniformat. Denn neben ein paar Klassikern wie dem Oreo- oder dem Bienenstich-Cupcake (3 Euro) wechseln die Sorten wöchentlich – passend zur jeweiligen Saison. Hinzu kommen Muffins und »fränkische Macarons« – im Gegensatz zu ihren französischen Vorbildern ist die Creme bei *Polly* etwas fester. Zum Kuchen gibt es natürlich auch einen guten Kaffee, zu viel sollte man davon allerdings nicht trinken, es gibt nämlich keine Toilette (die lässt sich aber problemlos in der Nachbarschaft, beispielsweise im Bürgerspital oder im Theater, finden).

Restaurant und Weinhaus Stachel, Gressengasse 1, 97070 Würzburg
Tel. 09 31/5 27 70, www.weinhaus-stachel.de
Di–Sa 11.30–24.00 (Küche bis 22.30), So 11.30–16.00 (Küche bis 14.30)
Rathaus oder Dom: Linie 1, 3, 4, 5

Tipp: An den Weihnachtsmarkt-Wochenenden wird im Innenhof Glühwein ausgeschenkt.

29. Wo Götz von Berlichingen trank

»Der Heimweg erschien ihm (Theodor Storm) zu lang, und so wollte er sich im *Stachel* ausruhen. Er setzte sich nah der Tür und bestellte erst einen *Rödelseer*, widerrief dann und ließ sich anstelle des billigen Weins eine Flasche *Würzburger Stein* bringen.« Diese Szene soll sich laut Ingrid Bachér*, Urenkelin von Theodor Storm, im Jahr 1877 zugetragen haben.

Doch nicht nur der norddeutsche Lyriker und sein Sohn verkehrten gerne im *Restaurant und Weinhaus Zum Stachel*. Der bereits 1319 urkundlich erwähnte Gasthof – unweit des Unteren Marktes – gehört zu den ältesten des Landes und kann so einiges erzählen. Zum Beispiel von seiner Rolle im Bauernkrieg. Da war er nämlich ein Treffpunkt der Aufständischen. Reichsritter Götz von Berlichingen, Tilman Riemenschneider und Florian Geyer hielten hier – unterstützt vom Wirt – ihre konspirativen Sitzungen ab. Als Zeichen für ihre Treffen diente ein Morgenstern vor dem Fenster. Noch heute hängt hier ein »Stachel«.

Von einem Stachelwirt zum nächsten wurden die Traditionen und der Ruf weitergegeben. Erst 2013 fand wieder ein Pächterwechsel statt. Der neue Wirt Rolf Schulz betreibt den *Stachel* im ursprünglichen Sinne: Das Ambiente ist gediegen und der Service hervorragend. Der Chef selbst nimmt sich immer wieder Zeit für ein Schwätzchen. Schließlich verkehren hier neben Touristen auch viele Stammkunden, zum Beispiel der → *Nachtwächter Wolfgang Mainka* (s. S. 156f.). Bei einem guten Schoppen genießen sie die gehobene fränkische Küche. Regionale Klassiker sind beispielsweise Sauerbraten, Hochzeitsessen (15,50 Euro) oder das Stachel-Pfännle. Eine Spezialität ist der Waller aus dem hauseigenen Bassin. Unbedingt probieren sollte man auch die Rieslingrahmsuppe.

Besonders schön sitzt man im romantischen Innenhof, der unweigerlich an Shakespeares *Romeo und Julia* erinnert. Eine geschwungene Steintreppe führt hoch zu einem Altan, von dem aus man einen herrlichen Blick auf den ganzen Hof hat: die alten Weinpressen, die idyllischen Plätzchen und die Laternen, die an den berankten Steinmauern ein gemütliches Licht spenden. Doch auch in den urig-gemütlichen Nischen im *Stachel* lässt es sich aushalten. Jedes Stück hat hier eine Geschichte – die Lüsterweibchen, das gotische Gewölbe, die Bleiverglasung an den Fenstern oder die Messingleuchten mit Schweinsleder-Schirmen und freizügiger Bemalung. Wie alt der Kachelofen im großen Gastraum ist, weiß keiner. Auf alten Fotos von vor 100 Jahren ist er jedenfalls schon zu sehen.

* Ingrid Bachér: *Theodor Storm fährt nach Würzburg und erreicht seinen Sohn nicht, obwohl er mit ihm spricht,* Dittrich Verlag 2013.

Sir Quickly, Herzogenstr. 5, 97070 Würzburg
Tel. 09 31/4 67 94 01, www.sir-quickly.info
Mo–Fr 11.00–16.00
Dom: Linie 1, 3, 4, 5

Tipp: Das Sir-Quickly-Buch ist im Selbstverlag erschienen, kann im Sir Quickly oder in der Buchhandlung dreizehneinhalb (s. S. 14f.) erworben werden und kostet 28 Euro.

30. Fast Slowfood

Wenn es in einem Restaurant hervorragend schmeckt, dann lohnt der Blick nicht nur auf die Zutaten, sondern auch auf die Menschen hinter den Töpfen. Die beiden Köche und Eheleute Christiane und Matthias Straub machen es ihren Gästen da leicht: Sie garnierten 50 originelle Rezepte mit ein paar Geschichten aus ihrem Tagesgeschehen und formten ein Buch daraus. Es trägt denselben Namen wie ihr vegetarisches Stehrestaurant: *Sir Quickly*. So dezent und ansprechend wie der schlichte Leineneinband des 2016 erschienenen Koch- und Lesebuchs ist auch das »Sir« selbst. Mit gerade einmal 50 Quadratmetern Ladenfläche in → *Würzburgs Neuer Mitte* (s. S. 40f.) ist es seit 2003 Schnellimbiss und gehobene Minikantine zugleich.

Während im Hintergrund die Playlist des Tages läuft, werden an der kleinen Theke – täglich wechselnd – eine Vorspeise (Suppe oder Salat), ein Hauptgericht und ein Nachtisch gereicht. Die Speisekarte wird in der Woche davor festgelegt und auch im Internet publiziert. Auf dem Plan stehen beispielsweise Marokkanischer Linsen-Gemüsesalat mit Königskümmel und Kokosflocken (5 Euro), Brezenknödel mit Schwarzwurzeln (6,80 Euro) und Mohnhütchen mit Wiener Zwetschgenröster (4,50 Euro).

Das gemeinsame Markenzeichen des Unterfranken und der gebürtigen Kölnerin: bodenständige Küche mit ausgefallenen Gewürzen – und das zu sehr fairen Preisen. Christiane und Matthias verarbeiten häufig Bio-Lebensmittel vom Biohof *Querbeet* in Oberaltertheim, kochen stets frisch und lieber mal etwas zu wenig – auch auf die Gefahr hin, dass die letzten Besucher dann leer ausgehen. Beim Kochen in der winzigen, offenen Küche können die Gäste ihnen zusehen. Nebenbei überwachen die beiden Multitasking-Talente die Espressomaschine und sind (fast) immer für einen Plausch zu haben.

Die charmante Atmosphäre – sehr nahe an den Gästen – zahlt sich aus. Die meisten kommen fast täglich und das seit mittlerweile 13 Jahren. Einziger Minuspunkt: Es gibt nur Stehtische und ein paar Hocker im Minilokal. Und die sind in der Regel belegt. Doch alle Gerichte können auch mitgenommen werden, zum Beispiel an die → *Mainpromenade* (s. S. 206f.). Die Stammgäste stört die Enge sowieso nicht, die fühlen sich nämlich wie im eigenen Wohnzimmer. Über die Jahre hat sich eine regelrechte Fangemeinde aus den umliegenden Büros zusammengefunden, die sich hier kennengelernt hat und das Lokal nun zum familiären Gourmet-Treff macht.

Standard, Oberthürstr. 11a, Würzburg
Mo–Do 12.00–2.00, Fr u. Sa 12.00– 3.00, So 12.00–24.00
Tel. 09 31/5 11 40, www.standard-wuerzburg.com
Linie: Juliuspromenade 1, 2, 3, 5

31. Ein verlängertes Wohnzimmer

Am großen Tisch hinten in der Ecke sitzt im *Standard* meistens das Personal. Nicht etwa, weil die meist studentischen Kellnerinnen und Kellner sonst nichts anderes zu tun hätten. Sondern weil sie sogar dann hierherkommen, wenn sie grade nicht arbeiten müssen. Hier wurden schon nervenaufreibende Partien Schach und Backgammon gespielt, unzählige Bücher gewälzt und sogar Kinder großgezogen.

Dass das *Standard* sich so gut zum verlängerten Wohnzimmer eignet, hat auch mit diesem Ecktisch zu tun. Denn der Kreis des Personals ist ein Nukleus der Geselligkeit: Mal stoßen Freunde dazu, dann wollen Künstler Plakate aufhängen oder Stammgäste erkundigen sich nach dem aktuellen Programm. Auch Würzburg-Neulinge, die sich nur durch Zufall in die minimalistisch eingerichtete Jazz-Bar verirren, fühlen sich sofort wie zu Hause. Das liegt auch daran, dass hier kein großer Schnickschnack geboten wird. Mittags gibt's fünf Tagesgerichte, eine Fladlsuppe mit Brot zum Beispiel, einen Kartoffelauflauf oder eine Pasta-Variation. Wenn jemand einen Kuchen gebacken hat, dann steht der auch auf der Speisekarte, aber nur, solange der Vorrat reicht. Und trotz eines größeren Getränkeangebots ziert abends den Tisch der meisten Gäste ein großes *Distelhäuser*, natürlich vom Fass gezapft.

Am Abend verwandelt sich das einladende Wohnzimmer dann auch zur Bühne. Freunde der Bar geben hier ihr Können zum Besten, und Freunde hat das *Standard* in Würzburg wahrlich viele. Deshalb gibt's hier immer wieder Jazz-Jamsessions, Open-Mic-Abende, Soul-Live-Konzerte, Poetry-Slams und Kneipen-Quiz-Veranstaltungen. Die finden meist im schummrigen Keller statt und dauern je nach Wochentag schon mal bis spät in die Nacht hinein.

Insbesondere nach einer durchgetanzten Soul- oder Country-Nacht am Samstagabend freut man sich, wenn man nach ein paar Stunden Schlaf gleich wieder im *Standard* aufschlagen kann. Denn die Sonntage sehen dort immer gleich aus: Mittags lockt der Sonntagsbraten zum günstigen Preis von um die fünf Euro, und am Abend wird der *Tatort* übertragen. Also eigentlich alles wie daheim.

Unicafé, Neubaustr. 2, 97070 Würzburg
Tel. 09 31/1 56 72, www.unicafe-wuerzburg.de
Mo–Sa 8.00–1.00, So 9.00–1.00, warme Küche bis 24.00
Neubaustraße: Linie 1, 3, 4, 5

Tipp: Das Unicafé bietet auch einen Catering-Service an. Außerdem besteht die Möglichkeit, das Café oder Teile davon zu mieten.

32. Relikt aus vergangenen Tagen

Stylisch ist das *Unicafé* nicht. Wer in cooler Umgebung seinen Matcha Latte schlürfen möchte, sollte lieber ins → *Café Fred* (s. S. 48f.) oder → *Nähcafé Edeltraud* (s. S. 212f.) weiterziehen. Das *Unicafé* ist aber ein Klassiker, wenn man gemütlich ein Käffchen oder Bier trinken oder auch mal eine Kleinigkeit essen möchte.

Es gibt kein richtiges Einrichtungskonzept im zweistöckigen Café. Während das Untergeschoss eher ledersessel-loungig gestaltet ist, strahlen die großen Fenster, die warmen Wandfarben und die alten Holzstühle oben eine freundliche und sehr einladende Atmosphäre aus – perfekt, wenn man mit Freunden stundenlang ratschen oder am Rechner arbeiten möchte, es gibt nämlich Steckdosen und gratis WLAN. Sehr nett sitzt man auch draußen vor dem mit Efeu bewachsenen Gebäude. Im Schatten von drei alten Bäumen heißt es »sehen und gesehen werden«, denn direkt an der Haltestelle »Neubaustraße« gelegen, ziehen hier täglich Massen vorbei.

Spannend ist die Geschichte des Gebäudes. Bis 1982 befand sich hier die älteste Buchhandlung Würzburgs. Die 1753 gegründete *Stahel'sche Universitäts-Buchhandlung* verkaufte akademische Titel und verlegte zukunftsweisende Publikationen der Uni. Auch im Zeitungsbereich war die Familie Stahel aktiv: Josef Stahel gründete 1803 die *Würzburger Zeitung*, die in Folge 100 Jahre lang regelmäßig erschien. Nach einem Umzug und einem auslaufenden Mietvertrag musste die Traditionsbücherei 1992 schließen. Doch noch heute erinnern die Wandmalereien im ersten Stock an die Zeit als Uni-Buchhandlung. Auch das offene Bücherregel (einfach ein Buch hinstellen und ein anderes kostenlos mitnehmen) scheint wie ein Relikt aus vergangenen Tagen.

Das Publikum im *Unicafé* ist gemischt, tendenziell aber, wie nicht anders zu erwarten, studentisch geprägt. Dementsprechend einfach, aber günstig sind die Speisen, und – das ist in Würzburg eher selten – diese sind bis Mitternacht zu haben. Neben Schnitzel, Burger (ab 4,60 Euro), Baguettes, Salaten und Suppen sorgen wöchentlich wechselnde Saisongerichte für Abwechslung. Praktisch für Berufstägige sind die »Mittagessen für fünf Euro in fünf Minuten auf dem Tisch«. Empfehlenswert ist das liebevoll dekorierte Frühstück (ab 2,90 Euro). Neben der regulären Auswahl gibt es stets ein neues »Limited Breakfast«, das auf der Facebook-Seite des Cafés angekündigt wird.

Veggie Bros, Juliuspromenade 38, 97070 Würzburg
Tel. 09 31/45 32 15 14, www.veggiebros.de
Mo–Sa 11.30–20.00
Juliuspromenade: Linie 1, 2, 3, 5

Tipp: Die Veggie Bros liefern auch – wer zwischen 7.00 u. 10.00 bestellt, kann sich ein Liefer-Zeitfenster zwischen 12.00 u. 16.00 aussuchen. Dann wird der vegane Lunch mit dem Fahrradkurier pünktlich und umweltfreundlich zugestellt.

33. Viel Hype um …?!

Würzburger Juliuspromenade, Mittagszeit. Gut was los war hier schon immer, ziehen doch die ganzen Restaurants und Imbisse Berufstätige an wie die Motten das Licht. Doch in der frisch aufkeimenden Hipster-Szene überstrahlt ein Laden neuerdings alles: Im *Veggie Bros* ist es nahezu unmöglich, seinen veganen Mittagsimbiss an einem der improvisierten Europaletten-Tischen zu sich zu nehmen. Wer seinem Sitznachbarn nicht versehentlich das Salz von den Süßkartoffel-Pommes klauen möchte, ordert »to go« und setzt sich nach draußen an den → *Mainkai* (s. S. 206f.).

Was haben die *Veggie Bros* kulinarisch zu bieten? Fleischersatz-Zutaten wie Tofu, Soja oder Seitan sucht man vergeblich auf der Speisekarte, die gewollt »improvisiert« auf zerrissene Umzugskartons aufgemalt wurde. Stattdessen dominieren Falafel, besagte Süßkartoffel-Pommes und Salat das Bild. Hier kann sich der bewusste Esser aus verschiedenen Variationen bedienen, selbst zusammengerührte Dips wie Ketchup, Joghurt-Minze oder vegane Mayo runden den Geschmack ab. Wer es ausgefallen will, ordert sich weitere Extras wie Grill- oder Feta-Käse zu seinem Menü, löhnt dafür aber dann auch gerne mal rund zehn Euro für das Gesamtpaket.

Das für einen Fastfood-Imbiss relativ teure Essen weckt Erwartungen an den Geschmack, die die *Veggie Bros* nicht ganz erfüllen können. Die Falafel-Bällchen sind okay, innen aber leider recht trocken geraten. In den Türkenvierteln anderer (Groß-)Städte gibt es an den meisten Imbissstuben saftigere und günstigere Alternativen. Doch während die Würzburger Döner-Vielfalt (s. S. 64f.) sich vor den Großstädten nicht zu verstecken braucht, sah es bei der Falafel-Kultur bis vor Kurzem leider recht mau aus. Die *Veggie Bros* sind also Pioniere, die immerhin mal zaghafte Versuche einer veganen Kultur an den Main bringen. Und: Die Pommes sind zwar keineswegs die »besten der Stadt«, wie auf der Homepage steht, aber trotzdem sehr lecker. Das Salatdressing ist angenehm würzig und befördert das Grünzeug von einer nährstoffreichen Beilage zu einer ernst zu nehmenden Hauptmahlzeit.

Wohl aufgrund des anhaltenden Erfolges und der zunehmenden Platzknappheit haben die Inhaber kürzlich eine weitere Filiale am Sanderring eröffnet.

Was das Preis-Leistungs-Verhältnis angeht, nun ja, sagen wir es so: Wer hat schon das Kleingeld, um nur zum Falafelkauf mit dem ICE durch halb Deutschland zu touren? Und außerdem kauft man sich hier auch ein bisschen Berliner Hipsterflair mit.

WOHLSEIN
SO SCHMECKT FRANKE
VINOTHEK | WEINCATERING | VERKOSTUNGE
WOL
KEN
LOS
Vinothek Wohlsein, Sanderstr. 29, 97070 Würzburg
Tel. 09 31/20 56 10 73, www.wohlsein-weine.de
Di–Do 14.00–19.30, Fr u. Sa 12.00–19.30
Sanderring: Linie 1, 3, 4, 5

34. Die Weinversteher

Was dem Bayer sein Bier, ist dem Franken sein Wein! Und da haben Würzburg und Umgebung ja bekanntlich wirklich einiges zu bieten: Dank Muschelkalkböden sprießen an den steilen Weinbergen am Maindreieck beste Silvaner-Trauben und die des anspruchsloseren Müller-Thurgaus, während am weiter entfernten Main-Viereck die roten Sorten Früh- und Spätburgunder vortrefflich gedeihen. Über 200 Weinsorten tragen derzeit das Qualitätssiegel »Franken – Wein. Schöner.Land!«– wie soll man da den Überblick behalten?

Eine gute Anlaufstelle ist die Vinothek *Wohlsein* in der Sanderstraße 29. Im Jahr 2016 hat hier eine Anlaufstelle für junge Weinliebhaber eröffnet, deren Inhaber Benedikt und Christian wirklich Ahnung haben – und sich nicht nur auf das Standardrepertoire beschränken. In den Auslagen des *Wohlsein* trifft schon mal ein trockener Bacchus auf einen Sponti-Cuvée (also eine Spontanvergärung), und beides kann natürlich direkt vor Ort probiert werden.

Hier kauft niemand die Katze im Sack, es sei denn, man legt es darauf an: Für 40 Euro im Monat kann man nämlich ein Wein-Abo abschließen, bei dem monatlich vier bis sechs Flaschen Überraschungswein den Weg per Post zu einem nach Hause finden.

Oder man schaut einfach mal öfter im Ladenlokal vorbei. Der Besuch lohnt immer wieder. Unter dem Motto »Der Winzer kommt« besucht einmal im Monat ein gelisteter Winzer den Shop, führt durch seine Weinsorten und reicht zu seinen Schoppen leckeren Flammkuchen (Kostenpunkt 39 Euro). Private Weinreisen für Einzelpersonen oder Kleingruppen können für 29 Euro pro Person zu einem vorher gewählten Thema (»Blindverkostung«, »Rebsorten«, »Rotling & Secco« etc.) gebucht werden. Für Gruppen, die größer als 12 Personen sind, macht das *Wohlsein* sogar mal außerhalb der Öffnungszeiten die Türe auf. Dann hat man den Laden für sich alleine und kann es sich in der schlichten, hellen Atmosphäre bequem machen. Das Mobiliar besteht übrigens, wie sollte es anders sein, größtenteils aus Weinkisten.

Weingut Wilhelm Arnold, Klosterstr. 19b, 97236 Randersacker
Tel. 09 31/70 83 26, www.arnoldwein.de
Weinverkauf: Mo–Sa 8.00–18.00 u. nach Vereinbarung
Geführte Weinproben für Gruppen ab 15 Pers.

Tipp: Jedes Jahr im Mai bieten das Weingut Arnold und viele andere Winzer der Region Weinwanderungen durch die Randersackerer Weinberge an.

35. Randsäck'rer Tropfen

Wenn Bruno Arnold von Rebsorten, Anbaugebieten und Trinktemperaturen erzählt, dann hängen die Gäste an seinen Lippen. Zumindest am Anfang. Von Wein zu Wein steigt der Lärmpegel in der historischen Probierstube und die Stimme des Weinbauern wird immer leiser. »Schuld« sind der Bacchus, Riesling, Silvaner, Blaue Silvaner und Zweigelt, die Bruno Arnold seinen Besuchern ausschenkt.

Zusammen mit seiner Frau Diana und den drei Kindern Simon, Florian und Nina führt er das denkmalgeschützte *Weingut Arnold* in Randersacker. Bei einer Verkostung der hauseigenen Weine erzählt Bruno von Pfülben, Sonnenstuhl, Teufelskeller, Marsberg und natürlich Ewig Leben – das sind fünf berühmte Weinlagen rund um Randersacker. Das kleine Weinörtchen ist eine der bekanntesten Winzergemeinden Frankens, mit über 1 200 Jahren Weinbautradition. Das Klima des Maintals, die sonnenexponierten Steilhänge und vor allem die weltweit einzigartigen Muschelkalkböden bieten den Reben perfekte Bedingungen. Läuft man durch den Ort, dann passiert man bis zu 15 Weingüter.

Mit seiner Gründung 1673 ist das *Weingut Arnold* eines der ältesten davon. Der Familienbetrieb verzichtet vollständig auf synthetische Düngemittel im Weinberg und legt viel Wert darauf, dass die edlen Tropfen lange und gleichmäßig gären können. Bruno Arnold erklärt: »Die Qualität wächst im Weinberg, im Keller gilt es vor allem, den Dingen ihren Lauf zu lassen.« Beim Rundgang durch den Weinkeller erzählt er stolz von seinem schlauen Großvater Wilhelm, der sich seinerzeit mit anderen Weingütern zum *Verband Fränkischer Weingüter und Selbstvermarkter* zusammenschloss – der Vorgänger des heutigen *Verbandes deutscher Prädikatsweingüter* (*VDP*), in dem sich neben dem *Weingut Arnold* 200 andere Spitzenweingüter aus ganz Deutschland strengsten Qualitätskriterien unterziehen. Ihr Zeichen: ein Traubenadler auf der Flaschenkapsel.

Die Stimmung der Gäste ist inzwischen auf dem Höhepunkt angekommen. Um die flüssige und geistige Kost besser zu verarbeiten, erhalten sie von Bruno darum eine herzhafte, fränkische Brotzeit – eine wichtige Grundlage für heitere Stunden.

Yummy's, Wilhelmstr. 5, 97070 Würzburg
Tel. 09 31/2 60 84 77
Mo–Fr 10.00–18.00, Sa 10.00–17.00, So Ruhetag
Dom: Linie 1, 3, 4, 5

36. Smoothies im Nerd-Mantel

»Hole to another Universe«: Das ist nicht nur die Bezeichnung für die Mülleimer im *Yummy's* in der Wilhelmstraße. Sondern der ganze Laden sieht aus, als wäre er durch ein Loch einem anderen Universum entschlüpft. Von der Wand grinsen grenzdebil überdimensionierte Getränkebecher aus Wellpappe. Hinterm Tresen thront eine beachtliche Sammlung an ausrangierten Marshall-Lautsprechern. Das Ensemble an Joysticks, das ebenso als Deko an der Theke hängt, wird von den Gästen schon mal fälschlicherweise für einen echten Videospielautomaten gehalten. Und die pinke Topping-Maschine mit ihren aberwitzigen Sonderfunktionen könnte direkt den farbenfrohen Jump'n' Run-Welten einer *Playstation* entsprungen sein.

Doch wer in diesem Nerd-Schuppen fettige Fertigpizza oder Mate Cola sucht, liegt falsch. Die Geeks von gestern sind die Hipster von heute, und vor pixeliger 80er-Jahre-Kulisse serviert das Team, das die Dekoration in mühsamer Kleinarbeit selbst entworfen hat, vitaminreiche Smoothies. Zum Preis von drei bis fünf Euro kann man hier Power-ups erstehen, die schon auf der improvisierten Speisekarte nach ihrer erwünschten Wirkung geordnet sind: gegen Kopfschmerzen, für gute Laune oder doch lieber als ultimative Waffe gegen eine Erkältung? Klar, dass nicht nur Obst, sondern auch Getreide oder Chia-Samen ihren Weg in die Super-Cocktails finden. Und an der Theke nebenan werden für den kleinen Hunger Bagels mit frischem Gemüse und Salat belegt.

Allerdings: Wer in seiner Jugend selber Videospiele gespielt hat, weiß, dass im Notfall Cheaten immer erlaubt ist. Wem also der Fruchtzucker im Smoothie nicht ausreicht und das sowieso alles zu gesund ist, der greift zum Shake und pimpt diesen noch mit seinem Lieblingsschokoriegel. Spätestens nach einer flüssigen, pürierten Milchschnitte heißt es dann: Kein Endgegner kann dich aufhalten!

Fränkische Bratwurst

In Würzburg geht's um die Wurst. Wer auch immer ins Herz einer deutschen Stadt vordringen will, muss vorher den Umweg über den Magen nehmen, und der ist vielerorts ganz schön fleischlastig. Anderswo wimmelt es von Wienern und Krakauern, Leberkäse oder Currywurst. Aber womit beißt man sich in Würzburg durch gute wie durch schlechte Zeiten?

Gezuzelt wird in Würzburg jedenfalls nicht, denn obwohl die Perle am Main sich geopolitisch in Bayern befindet, ist der Weißwurstäquator dennoch viele Kilometer weiter im Süden. Statt der bleichen Brühwurst aus gekuttertem Kalbfleisch haut der Franke hin und wieder eine Bratwurst ins siedende Wasser, kocht ein paar Zwiebeln mit und serviert das Ganze dann mit Schwarzbrot als »Blaue Zipfel« – ein Gericht, das zwar lecker schmeckt, aber wohl nur unter hartgesottenen Einheimischen auf Zuspruch stößt (s. auch → *Till Eulenspiegel*, S. 184f.)

Alle Würzburg-Neulinge und Zugezogenen hingegen sollten sich möglichst schnell mit der fränkischen »Bratworscht« vertraut machen. Die dünne und extralange halbgrobe Wurstvariante wird in der Mitte zusammengeklappt zwischen zwei Kipfhälften oder ein Graubrot gelegt und mit einer guten Portion scharfem Senf genossen. Traditionelle Würzburger Bratwurst gibt es auf dem Marktplatz, in der → *Mainmühle* (s. S.164f.) auf der Alten Mainbrücke und eigentlich in jedem Bäck der Stadt.

Die jüngere Würzburger Cuisine wagt interessante Neuinterpretationen des Klassikers: So hat die *87Bar* in ihre Eigenkreation »Bürgerbräu-Bratwurst« so viele Gewürze reingemixt, dass angeblich der Senf überflüssig werden soll. Und die Imbissstube *MyWurscht* in der Eichhornstraße bietet die fränkische Bratwurst in einer vegetarischen Tofu-Variante an. Bis sich diese Variation durchgesetzt hat, dauerte es allerdings eine ganze Weile. Denn wie sagt der Volksmund: »Was der Franke net kennt, frisst er net«.

TOP 5 PIZZEN

1 Trattoria Augusto

Bei Beatrice und Riccardo in der Altstadt gibt es echt italienisches Essen – und das seit 1973. Der Teig der Pizza ist dünn und eher weich, am Rand knusprig. Empfehlenswert ist z. B. die Hauspizza »Augusto« mit Tomaten, Käse, Paprika, Artischocken, Salami, Schinken, frischen Champignons, milder Peperoni und Oregano (10,50 Euro). • www.trattoria-augusto.de

2 Locanda

Bekannt ist das *Locanda* am Alten Kranen vor allem für seine extra großen, leckeren und günstigen Pizzen (5,90 bis 11,50 Euro). Auf Wunsch werden auch zwei verschiedene Beläge auf einer Pizza serviert. Der Teig ist dünn und kross. Großer Außenbereich. • www.locanda.de

3 Blaue Grotte

Die *Blaue Grotte* in der Elefantengasse wurde als »Bier- und Speisewirtschaft Capri« 1952 von Nicolino di Camillo eröffnet und gilt als älteste Pizzeria Deutschlands. Der Teig der eher kleinen Pizzen ist weich, weicht aber nicht durch, z. B. »Pizza Casa« (9,90 Euro). •

4 Bei Peppino

Die elegante Pizzeria *Bei Peppino* liegt etwas versteckt hinterm Dom. Der Innenraum ist verhältnismäßig klein, reservieren lohnt. Das Besondere an den Pizzen ist der extra dünne Teig mit üppigem, gut gewürztem Belag. Wer es kross mag, sollte lieber zum *Locanda* schauen. Preis bis ca. 10 Euro. • www.beipeppino.de

5 Osteria Trio

In der *Osteria Trio* steht die Einrichtung eher im Hintergrund, und mit einer größeren Personengruppe wird's eng, dafür sind die leckeren Pizzen wie die »Buon Gustaio« extragroß, und dünner kann man einen Teig nicht machen. Preis bis max. 11,50 Euro. •

WÜRZBURG ERLEBEN **DER GEHEIMTIPP**

Die User von *Würzburg erleben* haben gewählt, das ist ihr exklusiver Tipp:

La Piazzetta
www.la-piazzetta-würzburg.de

Meliz Kaya: »Piazzetta finde ich toll, weil man die Pizza dort direkt beim Zubereiten schon zu sehen bekommt. Die Pizza schmeckt mir besonders gut, weil der Teig einer original italienischen Pizza doch sehr nahekommt. Meine Lieblingspizza ist die mit Büffelmozzarella.«

FESTE & FESTIVALS

Africa Festival, Auf den Mainwiesen, 97082 Würzburg
www.afrikafestival.org
Immer ein verlängertes Wochenende Ende Mai
Talavera: Linie 4

Tipp: Ein ganz besonderes Erlebnis bietet sich, wenn man sich dazu durchringt, auf dem Festivalgelände zu campen. Das kostet pro Person und Nacht weniger als 20 Euro.

37. Vom Ufer des Nils an den Main

Eine Veranstaltung, die sich *Africa Festival* nennt, könnte reichlich Ethnokitsch bieten. Dunkelhäutige Afrikaner, die zum Schlag der Trommel Jagdrituale tanzen. In Bast gehüllte Frauen, die Tonkrüge auf ihren Köpfen tragen. Und Kinder, die ihre Gesichter mit Kriegsbemalung verzieren. Wie gut, dass das Würzburger *Africa Festival* solche Stereotype nicht erfüllt!

Das Würzburger *Africa Festival*, das bereits 1989 gegründet wurde und deshalb als Wegbereiter vieler anderer ähnlicher Kulturevents gelten kann, ist sich nämlich seiner Verantwortung als Mittler zwischen den Kulturen bewusst. Statt verklärter Stammesrituale der »noblen Wilden« gibt es an einem verlängerten Mai-Wochenende zu einem jährlich wechselnden Thema vor allem »contemporary culture« zu bestaunen. Die Macher des Würzburger Afro-Projekts beweisen immer wieder aufs Neue ein gutes Gespür fürs Detail und für Trends. Etwa, wenn sie es schaffen, zum Themenschwerpunkt »Südafrika« junge Senkrechtstarter wie die Kwaito-Band *Brown Dash* von den Townships an den Main zu locken. Oder beim Schwerpunkt »AIDS« nicht nur Informationsangebote über das Festivalgelände hinweg zu verteilen, sondern auch Ausstellungen zu kuratieren, die sich dem sensiblen Thema mit Skulpturen, Gemälden und interaktiven Installationen aus verschiedenen Richtungen annähern.

Das Festival mit seinen über 100 000 Besuchern erstreckt sich weitläufig von der Talavera über die Mainwiesen. Die Höhepunkte sind sicher die Musikacts. Weil das in Würzburg mittlerweile das europaweit größte Festival seiner Art ist, geben sich A-Promis der Szene regelmäßig die Klinke in die Hand. Im großen Zelt wurden schon Patrice, Gentleman oder Joy Denalane gefeiert. Aber das wirklich spannende bunte Treiben spielt sich jenseits der ausgetretenen Pfade ab. Ein Basar, ein Handwerkermarkt und Modenschauen zeigen, was das moderne Afrika an Subkulturen zu bieten hat. Der Plural ist hier bewusst gewählt: Wer sich auf dem *Africa Festival* genauer umschaut, der merkt schnell, dass es die eine afrikanische Kultur so gar nicht gibt – handelt es sich doch nicht um ein Land, sondern einen ganzen Kontinent mit unterschiedlichsten sozialen und historischen Hintergründen! Intensiver informieren kann man sich zum Glück direkt vor Ort und aus erster Hand: Die meist jungen Standbetreiber freuen sich über offenes Interesse und plaudern gerne bei einem *DjuDju*-Bier oder einer Portion zerstampfter Yamswurzel über sich, ihre Kultur und ihre oft afrikanischen Wurzeln.

Fasching im Sternbäck, Sterngasse 2, 97070 Würzburg
Tel. 09 31/5 40 56, www.sternbaeck.de
Mo–Fr 9.00–1.00
Altweiberfasching–Faschingsdienstag tägl. ab 10.00 bis zum »bitteren Ende«
Rathaus: Linie 1, 3, 4, 5

Tipp: Wer auf der Suche nach einem Kostüm ist, sollte im Greif in der Dominikanergasse 6 vorbeischauen – dort gibt's eine Riesenauswahl an allem, was das Faschingsherz begehrt.

38. Helau Würzburg!

Die Würzburger sind faschingsverrückt. Das kann man mögen oder nicht, daran vorbei kommt in der Narrenzeit aber niemand. Schon eine Woche vor dem großen Faschingstrubel startet die Fachabteilung »Tiefbau« mit der Beschilderung der Stadt. Absperrgitter mit einer Gesamtlänge von rund 200 Metern und etwa 130 Fußplatten zur Verankerung von temporären Verkehrsschildern werden installiert. Spätestens am Faschingssonntag heißt es nämlich: Start frei für Piraten, Einhörner und Stormtrooper! Dann findet der große *Würzburger Faschingszug* statt, organisiert von der *1. Karnevalsgesellschaft Elferrat* – übrigens nur einer von insgesamt acht verschiedenen Karnevalsvereinen in der Stadt.

Unter dem Motto »Würzburg lacht, weil's Freude macht« fand 1980 mit 108 Gruppen einer der stärksten Faschingszüge der zweiten Jahrhunderthälfte in Würzburg statt. Etwa 100 000 Zuschauer lockte der »Gaudiwurm« damals an. Noch heute zählt der Umzug zu den ganz großen in Süddeutschland. Beginn ist stets um 11.55 Uhr in der Semmelstraße. Die etwa 140 Prunk- und Motivwagen, Fußgruppen und Musikkapellen ziehen über die Juliuspromenade und Domstraße bis zum Sanderring. Dort zerstreuen sie sich und hinterlassen – nebenbei gesagt – gemeinsam mit den Zuschauern ungefähr 12,3 Tonnen Faschingsmüll.

Und dann? Geht's weiter in Würzburgs Faschingslocation Nummer eins: das *Sternbäck*.

In der Studentenkneipe am Sternplatz herrscht während der »Fünften Jahreszeit« Ausnahmezustand. Verschiedene DJs sorgen bis zum Kehraus am Faschingsdienstag durchgehend für Stimmung. Getanzt wird auf Tischen, Stühlen, Bänken und jedem Quadratzentimeter der Kulturkneipe. Legendär! Zu Stoßzeiten muss man deshalb auch mit Wartezeiten vor der Türe rechnen. Lustig zu geht's auch im *Jenseits, Besitos, Irish Pixie* oder im → *Nachti* (s. S. 176f.). Feurige Faschingsklassiker sind die »Rote Meile« im *Odeon* und die »Kieznächte« in der *Hausbrauerei Goldene Gans*.

Freakshow, www.freakshow-in-concert.com

Wechselnde Locations, zum Beispiel:
Immerhin, Bahnhofsplatz 2, 97070 Würzburg
Hauptbahnhof, Linie 1, 2, 3, 5

Jugendkulturhaus Cairo, Fred-Joseph-Platz 3, 97082 Würzburg
Rot-Kreuz-Straße, Linie 640

39. Freaks on stage

Was passiert, wenn man Punk und Jazz miteinander kreuzt?

Das klingt wie der Beginn eines schlechten Witzes, ist aber ein musikalisches Experiment namens »World Service« aus England. Die Gruppe ist bereits in London, Paris, Oslo und Lyon aufgetreten und hat anschließend ausgerechnet in Würzburg ihr Deutschland-Debüt abgegeben. Ausgerechnet? So ungewöhnlich ist das nicht, denn mit seiner Veranstaltungsreihe *Freakshow* ist Würzburg Nabel der Republik, wenn es darum geht, außergewöhnliche Musikstile zu etablieren.

Die *Freakshow* ist das Label einer Veranstaltungsreihe sowie einiger ein- bis zweitägiger Musikfestivals, die vom Würzburger Urgestein Charly Heidenreich ins Leben gerufen wurden. Legendär sind die *Freakshow*-Festivals, die bis 2001 die merkwürdigsten Bands in die fränkische Metropole gelockt und damit internationale Aufmerksamkeit errungen haben. Heute findet ein *Freakshow*-Event ein paarmal im Monat statt und besteht meist daraus, etwas randständige, experimentelle oder ausgefallene Musikkombinationen einem interessierten und oftmals ebenso ausgefallenen Würzburger Publikum zugänglich zu machen. Weitere Acts neben World Service waren beispielsweise bereits die Münchner Gruppe Panzerballett, die versucht, Jazz und Heavy Metal miteinander zu kreuzen, oder die Franzosen-Gruppe Mörglbl mit ihrer instrumentalen Kombi aus Jazz, Rock, Metal und Funk sowie die Schweizer Band Öz Ürügülü, die irgendwie alles mixt, was ihr unter die Finger kommt.

Heute wird die *Freakshow*-Reihe von den alternativen und progressiven Lokalitäten der Stadt gehostet, dazu gehören beispielsweise das *Jugendkulturhaus Cairo* und das *Immerhin* am Bahnhofsplatz. Außerdem hat die *Freakshow* einen festen Platz im World Wide Web: Auf *www.freakshow-in-concert.com* werden nicht nur die anstehenden Konzerte angekündigt. Dem interessierten Fan bietet sich hier auch eine Auflistung der Künstler, die in den vergangenen Jahren unter diesem Label ihr Bestes gegeben haben, und ein paar Hörproben in Form eines Webradios. Bei Gefallen kann man die Musik dann ja vielleicht auf Vinyl gepresst im → *H2O* (s. S. 24f.) erwerben. Dessen Personal jedenfalls, so sagt man, zählt zu den Stammgästen der freakigen Musikevents.

Fußball-Fanmeile in der Sanderstraße, div. Veranstaltungsorte

LOMA, Sanderstr. 7, 97070 Würzburg
Tel. 01 76/20 18 87 71, www.loma-bar.com
Mo–Sa ab 20.00, Sa zusätzlich 15.00–18.00, So Ruhetag
Sanderring: Linie 1, 3, 4, 5

40. Fanmeile Sanderstraße

Die Fußball-Weltmeisterschaft 2006 in Deutschland veränderte das Fernsehverhalten bekanntlich nachhaltig. Anstatt die Spiele alleine vor dem heimischen Fernseher zu verfolgen, treffen sich echte und vermeintliche Fußballfans, Familien und Hobbyspieler seitdem in großer Runde zum »Public Viewing« – heißt: gemeinsam gucken, jubeln und schimpfen. Zu den Welt- und Europameisterschaften ist auch die Sportstadt Würzburg im Fußballfieber.

Die größte Public-Viewing-Veranstaltung findet in der → *Posthalle* (s. S. 178f.) statt. In der Indoor-Location laden drei riesige Leinwände die Fußballverrückten zum gemeinsamen Fiebern und Feiern ein. Das Kontrastprogramm: Am → *Stadtstrand* (s. S. 120f.) kann unter freiem Himmel und bei gemütlicher Urlaubsatmosphäre dem Ball hinterhergeschaut werden. Endet das Spiel erfolgreich für die deutsche Elf, dann setzen sich kurze Zeit später Hunderte Fahrzeuge in Bewegung und formieren sich zu einem fröhlich-lärmenden Autocorso rund um die Innenstadt. Tausende ziehen auch zu Fuß weiter in die Sanderstraße, denn während der Meisterschaften wird aus der Kneipen- dann die Fanmeile der Stadt.

Vom Sanderring bis zur Neubaustraße wird seit 2006 nach allen Deutschland-Spielen gefeiert – feuchtfröhlich, aber friedlich, mit jeder Menge Getröte, Fangesängen und leider auch Müll. Bis zu 7000 Menschen drängen sich innerhalb kürzester Zeit in die Partymeile und vor die Lokale, die Bier im Straßenausschank verkaufen. Die Sanderstraße wird in dieser Zeit vollständig für den Verkehr gesperrt und die »Strabas« werden durch Schienenersatzverkehr ersetzt. Übrigens: Nahezu alle Kneipen in der Sanderstraße übertragen auch die Fußballspiele, zum Beispiel das *LOMA* in der Sanderstraße 7. Wer also das Match erst im intimeren Rahmen sehen, aber nach dem Spiel doch mit der großen Menge feiern will, ist hier genau richtig.

Hafensommer, Oskar-Laredo-Platz 1, 97080 Würzburg
Tel. 09 31/32 22 50, www.hafensommer-wuerzburg.de
Ende Juli bis Anfang Aug
Congress-Centrum: Linie 2, 4

41. Kreuzfahrt für die Sinne

Eines gleich vorab: Die Kulisse des Würzburger *Hafensommers* ist atemberaubend, und das zu betonen will etwas bedeuten in dieser an atemberaubenden Kulissen ohnehin nicht armen Stadt. Künstler aus Klassik, Jazz, Funk, aber auch experimentelleren Stilrichtungen spielen hier vor dem Hintergrund des mit seinem eigenen Industriecharme leuchtenden Müllheizkraftwerkes auf einer im Main schwimmenden Bühne. Während sich Kraftwerk, Künstler und Bühnenlichter auf der Flussoberfläche grotesk spiegeln, nimmt das Publikum zu mehreren Hunderten auf steinernen Stufen direkt hinter dem → *Kulturspeicher* (s. S. 140f.) Platz, und über seinen Köpfen thront die Silhouette eines alten Frachtkrans.

Seit 2006 existiert das Festival bereits, und in den ersten zehn Jahren hat die Veranstaltungsreihe eine Strahlkraft weit über Unterfranken hinaus erlangen können. Grund hierfür war die große Experimentierfreudigkeit des Kurators Jürgen Königer, der mehr oder weniger bekannte internationale Künstler wie die malinesische Multi-Instrumentalistin Rokia Traoré oder den tunesischen Oud-Spieler Dhafer Youssef Seite an Seite hat auftreten lassen mit regionalen Größen, wie etwa dem Philharmonischen Orchester Würzburg oder dem Schweinfurter Pianisten Michael Wollny. Zwar schafften es auch im damaligen Konzept einige Publikumsmagnete wie Jan-Josef Liefers und seine Band, Helge Schneider oder Judith Holofernes, ein größeres Publikum zu begeistern, aber offenbar nicht genug für ausreichende Rentabilität. So erfuhr die Veranstaltung 2016 und 2017 einen Wechsel im Orga-Team und sozusagen einen Neustart. In Zukunft will die Stadt Würzburg bei ihrem *Hafensommer* auf größere Ausgewogenheit in den Stilrichtungen achten. Die Massen sollen vor allem auch mit ergänzenden Formaten angelockt werden. Einen Anfang macht der »Junge Hafen«, ein Abend, der Kindern und Jugendlichen gewidmet ist, die sich in Workshops und auf einer Open Stage ausprobieren können.

Dem *Hafensommer* bleibt zu wünschen, dass mit dem Reboot auch die finanzielle Rettung naht. Denn bis heute ist das Festival nicht nur hörens-, sondern eben auch sehenswert: Zusätzlich zur ohnehin schon beeindruckenden Kulisse bereichert nahezu jedes Jahr eine Kunstinstallation das Festival. Das kann ein »weißer Hai« sein, der sich bei näherem Hinsehen als Fischstäbchen entpuppt, oder eine lebensgroße Puppe, die nicht nur als »Zaungast« an allen Konzerten teilnimmt, sondern ihre Eindrücke auch in Echtzeit ins Internet twittert. Verrückt!

Improtheaterfestival, unterschiedlichte Veranstaltungsorte
Tel. 09 31/41 69 33, www.improtheaterfestival.de
Immer an einem verlängerten Wochenende im Okt

Tipp: Wer selber in Würzburg mit dem Improtheaterspielen beginnen will, findet einige Laiengruppen für den Einstieg. So lädt das Cairo und auch die Evangelische Studentengemeinde (ESG) zu regelmäßigen Workshops ein.

42. Ohne Drehbuch auf die Bühne

Wenn das Publikum Orte wie »Toilette«, »Kühlschrank« oder »Ehebett« auf die Bühne ruft, dazu so unpassende Tätigkeiten wie »tanzen«, »schwarzfahren« oder »rasieren« nennt – und Schauspieler das alles in ein absurdes Theaterstück verwandeln, dann ist klar: Das kann nur Improtheater sein. Natürlich hat Würzburg das Konzept des Improtheaters, das mitunter auch »Theatersport« genannt wird, nicht erfunden. Das improvisierte Theaterspiel hat Wurzeln im französischen Stegreiftheater des 18. Jahrhunderts und sogar im antiken griechischen Schauspiel. Doch für eine kleine Stadt wie Würzburg gibt es hier erstaunlich viele Improtheater-Bühnen: Im *Omnibus* kann man es immer wieder bestaunen, ebenso in der → *Kellerperle* (s. S. 136f.), im *Cairo*, auf dem neuen → *Bürgerbräu-Gelände* (s. S. 158f.), im → *Mainfranken Theater* (s. S. 142f.), im *tanzSpeicher* am → *Kulturspeicher* (s. S. 140f.) und auch im *theater ensemble* in der Zellerau. Bei einer solch quirligen Theaterszene überrascht es dann auch nur auf den ersten Blick, dass die Mainfranken-Metropole einmal im Jahr nicht nur zu irgendeinem Improtheaterfestival einlädt, sondern sogar zum größten seiner Art in ganz Deutschland.

An drei Tagen im Oktober wird Würzburg daher zum Anziehungspunkt für eine gut vernetzte internationale Community aus semi- und vollprofessionellen Schauspielern. Für die Optimierung der Vernetzung und zur internen Weiterbildung werden Workshops angeboten, in denen Szenegrößen ihr Wissen weitergeben. Erhält man einen der raren Workshop-Plätze, kann man sich weiterbilden in Themen wie »Naturalismus und Intimität« oder »Sabotage auf der Bühne – was, wenn mein Teamkollege meine Hinweise nicht checkt?«. Klar, dass die meisten Workshops sich eher an erfahrenere Impro-Hasen richten, die hier ihr Können verbessern. Absolut für Otto-Normal-Zuschauer ausgelegt sind hingegen die Shows, die das Festival vor allem am Abend bereichern. Hier können die Impro-Schauspieler ihr neu erworbenes Wissen direkt an einem interessierten Publikum testen, und so ergibt sich ein Programm, das sich gewaschen hat: Gespielt wird nämlich beispielsweise in einem Waschsalon, was dem Publikum vorher klar ist, den Schauspielern aber erst beim Start der Vorstellung verraten wird. Oder es wird zu einer musikalisch untermalten Traumreise eingeladen. Oder das Publikum findet sich selbst auf der Bühne wieder, und die Grenze zu den Schauspielern löst sich vollends auf.

Kiliani-Volksfest
Jedes Jahr im Juli auf der Talavera, 97074 Würzburg
Talavera/Neunerplatz: Linie 4

43. Ein Prosit auf die Märtyrer

Kilian, Kolonat und Totnan. Drei Namen, die der Würzburger kennen muss. Bei den drei Heiligen handelt es sich um irische Missionare, die gen Süden pilgerten, um das Wort Gottes zu verkünden. 689 n. Chr. ist das Trio in der Mainmetropole, die damals noch gar nicht so groß war, verstorben – allesamt umgebracht als Märtyrer, nicht ohne vorher noch ordentlich missioniert zu haben. Ihre Gebeine, so will es die Legende, liegen unter dem Würzburger Dom begraben und können dort bis heute besichtigt werden.

Während die beiden Vornamen Kolonat und Totnan heute eher selten einem Neugeborenen gegeben werden, erfreut sich der Name Kilian nach wie vor großer Beliebtheit. Kilian ist der Schutzpatron der Stadt, und so kommt es wohl, dass auch das große Volksfest auf der Würzburger Talavera nicht etwa »Koloniani« oder »Totnani« heißt, sondern eben »Kiliani«. Was dort so abgeht, dürfte den frommen Menschen aus dem Norden indes kaum gefallen haben: Das *Kiliani-Volksfest* entpuppt sich auch bei näherer Betrachtung als eine Befriedigung ziemlich weltlicher Bedürfnisse.

Denn auf *Kiliani* wird Jahr für Jahr zweieinhalb Wochen lang getrunken und getanzt, gespielt und sich vergnügt, was das Zeug hält. Eingeleitet mit einem Feuerwerk und einem traditionellen Bierfassanstich durch den Oberbürgermeister, hat das Volksfest über 75 Buden, Fahrattraktionen und Schausteller zu bieten. Darunter finden sich die obligatorische Achterbahn und das klassische Riesenrad, aber hin und wieder auch solche Raritäten wie ein waschechtes Gruselkabinett, ein Freefall-Tower oder eine Wildwasserbahn.

Sozialer Mittelpunkt des *Kiliani-Volksfestes* ist erwartungsgemäß das Bierzelt, das jedes Jahr viele Hundert Besucher anzieht. Aber Franken wäre nicht Franken, wenn *Kiliani* nur das Münchner *Oktoberfest* kopieren würde. Neben dem Bier ist der fränkische Bocksbeutel hier ein fast ebenso gern konsumiertes Getränk, und wer sich mit Trachten auskennt, der weiß die fränkischen von den bayerischen Farben zu unterscheiden. Dennoch sind die Würzburger bei ihrem eigenen Volksfest hin- und hergerissen zwischen bayerischer Folklore und fränkischer Tradition.

Aber hin- und hergerissen waren sie ja auch schon im 7. Jahrhundert nach Christus: zwischen Christentum und ihrem heidnischen Ursprungsglauben. Zumindest an der Zerrissenheit hat sich also wenig geändert. Der heilige Kilian und seine beiden Begleiter würden gleich wieder mit dem Missionieren beginnen.

Nacht der offenen Weinkeller

Weingut Bürgerspital, Theaterstr. 19, 97070 Würzburg
Tel. 09 31/3 50 34 41, www.buergerspital-weingut.de
Weingut Juliusspital, Klinikstr. 1, 97070 Würzburg
Tel. 09 31/3 93 14 00, www.juliusspital.de
Staatlicher Hofkeller, Residenzplatz 3, 97070 Würzburg
Tel. 09 31/3 05 09 23, www.hofkeller.de
Weingut am Stein, Mittlerer Steinbergweg 5, 97080 Würzburg
Tel. 09 31/2 58 08, www.weingut-am-stein.de

Tipp: Shuttlebusse aus der Innenstadt bringen die Gäste im Halbstundentakt zum Weingut am Stein. Die Busse halten an den Haltestellen »Barbarossaplatz« und »Residenz«, das Ticket kostet 2 Euro (Hin- und Rückfahrt)

44. Ein Fest zu Ehren des Weins

Was macht man eigentlich im grauen November, wenn die Weinfestsaison längst vorbei ist, die Glühweinstände jedoch noch nicht geöffnet haben?

Einen Anlass zum »Schöppeln« findet man in Würzburg zum Glück immer. Besonders stilvoll geht es bei der *Nacht der offenen Weinkeller* zu. Die vier großen VDP-Weingüter (Verband Deutscher Prädikatsweingüter) *Juliusspital, Staatlicher Hofkeller, Bürgerspital* und *Weingut am Stein* haben sich für dieses Weinfest zusammengeschlossen. Wobei, ein richtiges Weinfest im herkömmlichen Sinn ist es eigentlich gar nicht, eher ein Fest zu Ehren des Weins.

Tausende Besucher nehmen seit 2010 jedes Jahr freudig die Einladung der Weingüter an. Das Publikum ist bunt gemischt – vom neugierigen Ersti bis zum gesetzten Weinkenner. Wenn die Keller in den Abendstunden öffnen, steigen die Besucher gemeinsam die Treppen hinab in die historischen Gewölberäume und bevölkern die Füllhallen: bewaffnet mit einem Glas Frankenwein, inmitten von illuminierten Tanks und Holzfässern. Eben dieser Kontrast aus historischen Räumlichkeiten und modernem Ambiente macht die Veranstaltung besonders faszinierend. In kühles blaues LED-Licht getaucht, wirken die riesigen Edelstahltanks geheimnisvoll, fast futuristisch.

Sehr modern und szenig präsentiert sich zum Beispiel der Stahltankkeller im »Juspi«. Während die Keller normalerweise um Mitternacht schließen, dürfen Nachtschwärmer hier bis zwei Uhr in der Früh grooven. Neben Weinproben wird bei der *Nacht der offenen Weinkeller* nämlich auch Musik geboten. Während es im *Bürgerspital* eher rockig zugeht, wird *am Stein* zu Ska-Musik getanzt.

Der Eintritt zu den Veranstaltungen ist frei, man muss sich bei den drei Innenstadt-Weingütern aber auf Wartezeiten einstellen. So befinden sich in der Regel 20 Minuten nach Öffnung um 17 Uhr schon 800 Menschen in den historischen Gewölben des *Staatlichen Hofkellers*! Mehr dürfen nach den Sicherheitsauflagen nicht eingelassen werden. Da die Leute bis zu zweieinhalb Stunden in der Kälte stehen, planen die Veranstalter, die Wartenden in Zukunft auch draußen zu verköstigen.

Nachtmusik, Hofgarten der Residenz, Residenzplatz 2, 97070 Würzburg
Aktuelle Informationen am Konzerttag ab 17.30 per Tel. 09 31/37 23 36 oder auf www.mozartfest-wuerzburg.de
Dom: Linie 1, 3, 4, 5

Tipp: Gegen 16.30 treffen die Veranstalter die Entscheidung, ob die Nachtmusik draußen stattfinden kann oder nicht. Ist das Unwetter-Risiko zu groß, wird sie in die Hochschule für Musik verlegt. Dort haben leider nur die Sitzplatzkarten zu 30, 35 und 40 Euro Gültigkeit.

45. Mozart zur blauen Stunde

»*Zu Würzburg haben wir unseren teueren Magen mit Kaffee gestärkt, eine schöne, prächtige Stadt*«, berichtete Wolfgang Amadeus Mozart seiner Frau Constanze. Das Päuschen auf der Fahrt nach Frankfurt sollte sein einziger Besuch in Würzburg bleiben. Nichtsdestotrotz veranstaltet die Stadt seit 1921 das überaus erfolgreiche *Mozartfest*. Der Grund: Hermann Zilcher, einst Direktor des Staatskonservatoriums, fand heraus, dass Mozarts Werke besonders gut mit dem Ambiente und der Architektur der Residenz harmonieren.

Jedes Jahr lockt das Musikfestival unter einem anderen Thema bis zu 25 000 Besucher in die Stadt. Die etwa 60 verschiedenen Veranstaltungen finden neben dem Kaisersaal der Residenz in anderen beeindruckenden Locations, wie dem Kloster Himmelpforten und dem Rokokogarten des Schlosses Veitshöchheim, aber auch in einem Weingut oder Golfclub statt. Spannend sind vor allem Projekte wie die musikalisch-literarischen Abende, der *Mozarttag* in der Würzburger Innenstadt oder die *Lounge Amadé*, ein Format, bei dem Klassik auf Turntables trifft. Für die meisten Einheimischen ist jedoch die bereits seit 1927 stattfindende *Nachtmusik* im Hofgarten das Highlight.

Das romantische Ambiente begeistert nicht nur Klassikliebhaber: Bei schönem Wetter strömen über 3 000 Mozart-Neulinge und Wiederholungstäter in den festlich illuminierten Residenzgarten. Überall sind Kerzen und Fackeln errichtet, in kleinen Holzbuden werden – natürlich – Weine aus dem → *Residenzkeller* (s. S. 150f.) und Brezen verkauft. Mozarts »Kleine Nachtmusik« und zwei bis drei andere Stücksammlungen werden von bekannten Ensembles wie dem Prager Kammerorchester direkt vor der festlich angestrahlten Residenz vorgetragen. Drum herum sind kreisförmig Stuhlreihen angeordnet. Doch am schönsten sitzt es sich auf Decken überall verteilt im Hofgarten. Der Einlass beginnt zur blauen Stunde ab 19.30 Uhr. An der Abendkasse kosten die Tickets für die »Rasenplätze« 15 Euro, für Schüler, Azubis und Studenten ermäßigt 10 Euro.

Sommerhäuser Weihnachtsmarkt, 97286 Sommerhausen
In der Regel an allen vier Adventswochenenden Sa u. So 13.00–19.00, außer wenn Weihnachten auf den 4. Advent fällt, dann fällt dieses Wochenende aus
Tel. 0 93 33/2 16, www.sommerhausen.de

Tipp: An den Freitagen vor den Adventswochenenden werden weihnachtliche Spaziergänge in romantischem Fackelschein durch die Gassen angeboten.

46. Das Weihnachtsdorf

Eine Alternative zum Nürnberger Christkindlesmarkt gefällig? Ein besonders stimmungsvoller Weihnachtsmarkt findet im malerischen Künstlerörtchen Sommerhausen bei Würzburg statt. Über eine Brücke ist das Winzerdorf zwar mit Winterhausen verbunden, mehr Weihnachtsflair gibt's allerdings auf der »Sommerseite«. Denn an den Adventswochenenden verwandelt sich das ganze Dorf in einen Weihnachtsmarkt. Der alte Ortskern mit den mittelalterlichen Pflastersteingassen, den Fachwerkhäusern und der vollständig erhaltenen Wehrmauer bietet eine perfekte Kulisse.

Der Sommerhäuser Weihnachtsmarkt wurde 1984 von der ortsansässigen Künstlerin und Dekorateurin Annadora Diller-Köninger gegründet. Ihre Idee: Die etwa 90 Aussteller sollen nur zu einem geringen Teil in Marktbuden untergebracht werden. Stattdessen verwandeln sie Privathöfe, Scheunen oder Ateliers in kleine weihnachtliche Oasen. Beispielsweise im Schloss Sommerhausen, das im Besitz des *Weinguts Steinmann* ist, errichten Aussteller ihre Tische im Gewölberaum, gleich neben der alten Kelterhalle. Selbst das Rathaus, die Kirche und die Weinläden haben sich an den Adventswochenenden ganz dem Weihnachtsrummel verschrieben.

Wer durch die alten Gässchen schlendert, entdeckt Kunsthandwerk wie handgefertigte Baumanhänger, Krippen, Vogelhäuschen oder nostalgischen Weihnachtsschmuck. In Galerien stößt man auf Künstler, die Collagen, Scherenschnitte, Glas- und Keramikwerke vorstellen und natürlich verkaufen – jedes Ausstellungsstück ist ein Unikat. Überall liegt Weihnachtsduft in der Luft: eine Mischung aus Bratwurst, gebrannten Mandeln, Honig, Lebkuchen – und natürlich Glühwein. Letzterer stammt von den Trauben der umliegenden Weinhänge. Wenn es dann dunkel wird, erstrahlen überall Kerzen und setzen den Weihnachtsmarkt in ein ganz besonderes Licht.

Straßenmusikfestival »Stramu«
Ganzer Innenstadtbereich an einem Wochenende im Sep
www.stramu-wuerzburg.de

47. Musik in allen Gassen

Wer mit Straßenmusik in Würzburg Geld verdienen will, hat es nicht leicht. Um legal unter freiem Himmel zu musizieren, bedarf es hier einer Genehmigung der Stadtverwaltung. In üblichem Bürokratendeutsch heißt es in eben dieser: »Falls Sie die Absicht haben, im Stadtgebiet Würzburgs Musik spielen zu wollen, denken Sie bitte daran, sich rechtzeitig eine hierfür benötigte Ausnahmegenehmigung in der Fachabteilung Straßenverkehrsangelegenheiten, Domstr. 1, während der üblichen Geschäftszeiten ausstellen zu lassen.« Dieser Bescheid erlaubt die Durchführung von Straßenmusik in der Zeit von 10 bis 19 Uhr innerhalb der Fußgängerzone und kann für die Zeit von einem bis maximal drei Tage erteilt werden. Allerdings kostet die Lizenz gleich fünf Euro, eine Eingangsinvestition, die über Gesangs- und Spielkunst erst mal wieder reingeholt werden will. Nicht erlaubt sind dabei »besonders störende Musikinstrumente« wie Trompete, Schlagzeug oder Trommel.

Anders ist es beim jährlichen *Straßenmusik-Festival.* Seit 2004 gibt es dieses – von den Künstlern liebevoll »Stramu« genannte – Festival bereits, und es verwandelt die öffentlichen Plätze der Stadt an drei spätherbstlichen Tage in Folge in eine Konzertbühne. Auf Europas größter Veranstaltung dieser Art performen jährlich gut 200 Künstlerinnen und Künstler aus aller Welt nahezu frei von bürokratischen Fesseln alles, was ihre Instrumente hergeben. Zusätzlich zu Solo-Musikern und Bands wird ein buntes Programm aus Straßentheater, Jonglier-Künstlern, Artisten und Feuershows an 24 ausgewählten Plätzen unter freiem Himmel aufgeführt.

Wer sich nun motiviert fühlt, sein musikalisches Talent einmal auszutesten, der sei gewarnt: Einfach drauflos musizieren ist auch beim *Stramu* nicht drin: Bei vielen Darbietungen handelt es sich um Zwischen- oder Endausscheide verschiedener Band-Wettbewerbe. Allerdings gibt es für kurzentschlossene Künstlerinnen und Künstler das sogenannte »Freiufer« am Alten Kranen. Zwei Tage hintereinander können sich hier am Vormittag spontan Künstler melden, um in einem Slot zwischen 12 und 22 Uhr das Würzburger Publikum für sich zu gewinnen. Hutgeld einzusammeln ist beim *Stramu* übrigens selbstverständlich, und bei großem Talent kommt vielleicht genug Budget zusammen, um gleich ganz legal für die nächsten paar Tage eine Lizenz in der Stadtverwaltung zu erwerben.

Umsonst & Draussen
www.umsonst-und-draussen.de
Immer im Juni auf den Mainwiesen
Talavera/Neunerplatz: Linie 4

48. Festival für lau

Seit Jahren gibt es einen Insiderwitz in Würzburg: »Hey hast du schon gehört? Das *Umsonst & Draussen* kostet diesmal fünf Euro Eintritt. Und es findet in den *Posthallen* statt.« Ist natürlich Quatsch. Das *Umsonst & Draussen*-Festival gibt es in Würzburg seit 1988, es ist immer open air, und wie der Name schon sagt: Es ist auch wirklich immer umsonst.

Die *Umsonst & Draussen*-Kultur hat Würzburg nicht erfunden. Bundesweit wurden von der 68er-Bewegung *U & D*-Festivals aus dem Boden gestampft, die der Musikkultur den Kommerz austreiben wollten. In Würzburg stellt das *U & D* allerdings mittlerweile das größte Gratis-Festival der Stadt dar – und eines der größten in Bayern. Es gastiert auf den Mainwiesen und hat als Alleinstellungsmerkmal nicht nur die Attribute »kostenlos« und »draußen«, sondern auch den Fokus auf regionalen Bands und der Kombination vielerlei Kunstformen unter einem Label.

Kern des Konzeptes sind sicher die Bands aus dem Großraum Franken, die mittlerweile von weiteren Newcomern aus Deutschland und sogar ganz Europa unterstützt werden. Gleichzeitig ist dem gemeinnützigen Trägerverein des Großevents aber wichtig, dass auch Skulpturen auf dem Festival ausgestellt werden, alternative Food-Culture ihren Platz findet und beispielsweise auch ein Espresso-Tasting aus ökologisch und fair produzierten Kaffeebohnen in einem Zelt seinen Platz hat. Dazu wird ein Kinderprogramm angeboten, es gibt Poetry-Slams und Lesungen, Ausstellungen von Künstlern aus der Region und sogar hin und wieder sportliche Events wie den »Gummistiefel-Weitwurf« der *Deutsch-Finnischen Gesellschaft*.

Wichtig zu wissen für den Würzburger: Zwar kostet das Festival keinen Eintritt, aber damit die Veranstalter ihre Kosten wieder reinbekommen, sind selbst mitgebrachte Getränke streng tabu. Sich daran zu halten ist Ehrensache, denn auch die Bands treten ohne Gage auf – nur für Ruhm und Ehre und um das Festival überhaupt möglich zu machen. Ach ja: Ein Teil des Festivals findet dann tatsächlich in geschlossenen Hallen statt. Unter dem Titel *Umsonst & Drinnen* gibt es nach Sperrstunde eine Afterhour. Die ist über die ganze Stadt verteilt in angeschlossenen Bars und Clubs. Eintritt kosten die *Umsonst & Drinnen*-Events aber, wie zu erwarten, auch nicht.

Weinstrand am Stadtstrand, Ludwigkai, 97072 Würzburg
Tel. 01 62/8 40 14 18, www.stadtstrand-wuerzburg.de
Sanderring: Linie 1, 3, 4, 5

Tipp: Mittwoch und Freitag finden am Stadtstrand Salsakurse statt, einfach mitmachen und warmtanzen, oder das Spektakel beobachten und schöppeln.

49. Wein + Strand = Weinstrand

Sobald die Tage wärmer werden, zieht es alle nach draußen. Wer sich die Füße kühlen möchte, pilgert mit Sack und Pack gen Mainwiesen, wen es dürstet, flaniert zur Alten Mainbrücke und genehmigt sich einen → *Brückenschoppen* (s. S. 164f.). Manch einer träumt dabei von einer Location, die beides miteinander vereint – einem Strand also, an dem guter Frankenwein ausgeschenkt wird. Gibt's schon! Direkt am Main, gleich hinter der Löwenbrücke im Stadtteil Sanderau, befindet sich seit 2006 der Würzburger *Stadtstrand*. Und der lädt einmal im Jahr, meistens Ende Mai, Anfang Juni, zum *Weinstrand*.

Die Idee zum *Weinstrand* entstand eines Abends – wie könnte es auch anders sein – bei einem Schoppen, den sich Chris und Leo von → *Würzburg erleben* (s. S. 232) zusammen mit *Stadtstrand*-Gründer Jochen Würtheim einverleibten. Das gemeinsame Weinfest der größten Würzburger Community und des *Stadtstrandes* überzeugt seitdem Urlauber ebenso wie Einheimische. Zu Recht. Was könnte es schließlich Schöneres geben als einen Silvaner im Glas, Brotzeit auf dem Tisch und die Füße im Sand? Dazu der einmalige Blick auf die Festung, das Käppele und den glitzernden Fluss.

Nice to know: Bevor der *Stadtstrand* jedes Jahr Anfang April öffnet, passiert einiges zwischen Main und Kaimauer. Zuerst werden die Terrassenelemente geliefert, dann Küchen, Kühlungen, Büros, Toilettenanlagen, Lagerräume, Bars. Dächer werden aufgestellt, Schirme einbetoniert, Zäune gezogen. Und dann kommt der wichtigste Part: Auf einer Fläche von etwa 2 700 Quadratmetern werden an die 580 Tonnen Sand aufgeschichtet. Der macht aus einem schmucklosen Parkplatz ein Open-Air-Gelände mit Strandfeeling. Nach drei Wochen Aufbau sitzt der Gast dann unter großen, weißen Schirmen an Bierbänken oder in Liegestühlen und sieht den Ruderern beim Paddeln zu.

Würzburger Jazztage im Tiepolo-Keller
Innerer Graben 22, 97070 Würzburg
Immer an sechs Tagen Ende März u. Anfang Apr
Tel. 09 31/5 61 63, www.wuerzburgerjazztage.wordpress.com
Ulmer Hof: Linie 2, 4

Tipp: Wer Kirchenglocken und Orgeln mag, kann auch beides mit Jazz kombinieren: Die facettenreiche Würzburger Jazz-Landschaft hat einen Jazz-Gottesdienst hervorgebracht. Unter dem Titel »Moonlight-Mass« findet dieser einmal im Monat im Augustinerkloster statt.

50. Mehr Jazz für Würzburg!

Wer nach Würzburg kommt, der verbindet musikalisch mit der Domstadt ganz schnell die Kirchenglocken: Mehr als 60 Kirchen gibt es – auf nur 120 000 Einwohner, eine Zahl, die man sonst in Deutschland selten findet! Auch die Kirchenorgeln sind musikalisch ein Genuss. Doch bei genauerem Hinsehen bzw. Hinhören finden sich in Würzburg auch viele musikalische Subkulturen – es existieren afrikanische Einflüsse, elektronische Ausrichtungen und natürlich die schrägen Mischungen der → *Freakshow* (s. S. 100f.). Auch der Jazz hat in Würzburg seit Jahrzehnten seine feste Position. Im *Omnibus*, in der → *Kellerperle* (s. S. 136f.) oder dem → *Wunschlos Glücklich* (s. S. 43) finden regelmäßig Jamsessions statt, in denen man sich vom Können regionaler Bands und Musiker überzeugen kann.

All das Talent kommt nicht von ungefähr: An der Musikhochschule Würzburg kann Jazz in Kombination mit vielerlei Instrumenten offiziell studiert werden. Der über 25-köpfige Würzburger Jazz-Chor ist derart professionell, dass neue Interessenten erst mal ein Kennenlernsingen unter strenger Aufsicht meistern müssen, um regelmäßig mitmusizieren zu dürfen. Und ein Jazzfestival gibt es in Würzburg bereits, wenn auch im kleineren Rahmen: Seit 1984 findet im schönen Grombühl in einer ehemaligen Fabrikhalle, dem Felix-Fechenbach-Haus, ein zweitägiges Festival der *Jazz-Initiative Würzburg* statt.

Aber Würzburg verträgt noch mehr Jazz! Das jedenfalls ist die Losung, mit der eine Initiative rund um den *Tiepolo-Keller* im Frühjahr 2015 zum ersten Mal die *Würzburger Jazztage* ausgerufen hat. Über zwei Wochenenden und die Werktage dazwischen verteilt, bietet der urige Keller seitdem in der Innenstadt Jazz vom Feinsten. Würzburger Musiker sowie international bekannte Künstler laden zu Konzerten ein. Viel spannender aber für den Laien ist: Hier kann jeder selbst mit anpacken! Denn das spontan wirkende Improvisieren bei Jamsessions folgt gewissen Grundmustern, vergleichbar mit Tanzschritten, die man bis zu einem gewissen Grad – und eben auch vor Ort – erlernen kann. Die für jedermann zugänglichen Workshops tragen Titel wie »Percussion-Instrumente und Rhythmen kubanischer Musik«, »Das Solo in Jazz und Latin-Musik« oder »Trio spielen im Jazz?« Wer schon immer mal ausprobieren wollte, ob ein Jazz-Musiker in ihm steckt, ist hier also genau richtig.

Landesgartenschau 2018

Mit Landesgartenschau verbindet man als Laie ja meist Geranien und Hortensien, Gartenarbeit und Forstwirtschaft. Und vielleicht ein paar Orchideen. Alles sehr bodenständig und nichts, was mit weitsichtiger Stadtentwicklung oder gar Zukunftsvisionen und Modernität zu tun hat. Die *Würzburger Landesgartenschau 2018* dürfte da anders ausfallen. Glaubt man den Planungen, die bei Drucklegung dieses Buches noch nicht abgeschlossen waren, dann präsentiert sich Würzburg hier von seiner modernen Seite. Unter dem Titel »Auf Augenhöhe mit der Festung« wird am Südende der Stadt, auf dem Hubland-Berg, ein ganz neuer Stadtteil entwickelt, der dem Festungsberg – nicht nur was die Höhenmeter angeht – durchaus gewachsen sein sollte.

Auch als Attraktion für Touristen und Neuzugezogene gibt das Areal am Hubland einiges her. Den Zuschlag zur Landesgartenschau hat die Stadt Würzburg nämlich bekommen, weil hier die Zukunft des urbanen Zusammenlebens ausgestellt werden soll. Das bedeutet beispielsweise, dass auf dem Gelände Konzepte wie ein Haus dargestellt werden, das komplett aus dem 3-D-Drucker gekommen ist. Oder ein Bereich, in dem simuliert wird, wie altersgerechtes Leben in Zukunft aussehen könnte, sodass auch Senioren sich in einer Großstadt selbstbestimmt bewegen können.

Fast noch spannender ist das Hubland-Gelände aber aufgrund seiner Vergangenheit. Denn der neue Stadtteil entspringt nicht aus dem Nichts. Seit dem Ende des Zweiten Weltkrieges befanden sich hier die »Leighton Barracks«, eine Kaserne für Truppen des US-Militärs, dessen letzte Soldaten erst 2009 die Stadt verlassen haben. Die neuen Pläne zum Gelände der Landesgartenschau versuchen nun, das Erbe der Besatzung

zu konservieren und dieses aber gleichzeitig mit dem ebenso am Hubland ansässigen Campus der Universität zu verbinden.

Und dafür gibt sich die Landesgartenschau redlich Mühe. Das Konzept sieht vor, den Tower des unterfränkischen Militärflughafens auf dem Hubland-Gelände um ein Stockwerk zu erhöhen, sodass eine Besucherplattform entstehen kann, von der aus man nicht nur das Hubland, sondern die gesamte Stadt überblicken kann. Die ehemalige Tankstelle der Kaserne wird zu einem American Diner umfunktioniert. Und ein »Prärie-Garten« soll die natürlichen Graslandschaften der Great Central Plains nachbilden, der Heimat vieler US-Soldaten.

Doch damit nicht genug: Im 14-tägigen Wechsel kann man bei der Landesgartenschau mehr über ein aktuelles Sonderthema erfahren, beispielsweise Mobilität, Wachstum, Kommunikation, Innovation, Entschleunigung, Ursprung oder Transformation. Dafür werden am Hubland Veranstaltungen gebündelt, die sonst verstreut irgendwo anders in Würzburg oder Bayern stattfinden würden und 2018 unter dem besonderen Motto »Zeitreise« stehen. • www.lgs2018-wuerzburg.de

Tipps:
21.05.2018 Tag der Straßenmusik
07.06.2018 Bayern-Slam
17.06.2018 Fair Trade Sonntag
31.08.2018 Gartenflimmern Open Air Kino

TOP 5

WEIN FESTE

1 Wein am Stein

Wein am Stein ist seit über 30 Jahren eines der stimmungsvollsten Weinfeste in Würzburg. Man steht und sitzt inmitten der Weinstöcke. Beim grandiosen Blick auf die Stadt schmeckt der gutseigene Wein gleich noch besser. Dazu gibt es täglich wechselnde Live-Bands. Eintritt 6 Euro, samstags 8 Euro. · www.wein-am-stein.de

2 Hofgartenweinfest

Im romantischen Barockgarten der Würzburger Residenz findet seit 1974 jährlich das Weinfest des → *Staatlichen Hofkellers Würzburg* (s. S. 150f.) statt. Unbedingt Lustwandeln im einmaligen Ambiente und den leckeren Wein unterm Blätterdach genießen! · www.hofkeller.de

3 Volkacher Weinfest

In Volkach findet jährlich Frankens größtes Weinfest statt. Unter Kastanien- und Platanenbäumen können auf rund 7 000 Sitzplätzen 150 verschiedene Frankenweine verkostet werden – gemütlich ist's trotzdem! Highlights sind auch das große Feuerwerk und der Wunderkerzenzauber der Weinprinzessinnen. · www.volkach.de

4 Weindorf

Beim traditionellen *Würzburger Weindorf* auf dem Oberen und Unteren Marktplatz kann man sich durch die Erzeugnisse der zwölf verschiedenen Traditionswirte probieren. Jeder Wirt bietet in kleinen Fachwerkhäusschen eigene Speisen und Weine der Region an. · www.weindorf-wuerzburg.de

5 Hofschoppenfest

Das Hofschoppenfest findet im malerisch-barocken Innenhof des Bürgerspitals statt. Familie Wiesenegg, Betreiber der *Bürgerspital Weinstuben*, sorgt für leibliches und seelisches Wohl. Beim Mottoabend »White Party« wird stilvoll in weiß gefeiert. · www.buergerspital-hofschoppenfest.de

WÜRZBURG ERLEBEN DER GEHEIMTIPP

Die User von *Würzburg erleben* haben gewählt, das ist ihr exklusiver Tipp:

Weinfest(e) Frickenhausen

www.frickenhäuser-weinfest.de · www.weingut-meintzinger.de

Karin Clark: »Das schönste Weinfest ist für mich das aus Frickenhausen – meinem Heimatort. Jetzt wohne ich in Amerika und vermisse meinen halbtrockenen Silvaner.«

KUNST & KULTUR

Carillon (Turmglockenspiel) in der Neubaukirche
Neubaustr. 38, 97070 Würzburg

Mittwochskonzerte:
Domerschulstr. 13, 97070 Würzburg
www.musikwissenschaft.uni-wuerzburg.de/musica_practica/carillon
Mai–Dez Mi 17.30
Neubaustraße: Linie 1, 3, 4, 5

51. Rapunzel, Rapunzel ...

Die angehenden Juristen horchen kaum noch auf, wenn mittwochs um Punkt 17.30 Uhr plötzlich wundersame Glockenklänge aus dem Universitätsturm über ihnen erschallen. Alle anderen fragen sich jedoch verwundert, wer oder was das melodische Läuten wohl erzeugt. Was sich da – wie Rapunzel – in der Spitze des 91 Meter hohen Turmes der Neubaukirche befindet, ist ein spielbares Glockenspiel. Als einzige Uni Deutschlands verfügt die Julius-Maximilians-Universität über ein »Carillon«, die französische Bezeichnung für ein »Turmglockenspiel«. Die Spielbarkeit unterscheidet das Carillon von der Spieluhr-Form des Glockenspiels, wie man sie am *Bürgerspital* findet.

Die ehemalige Universitätskirche – inzwischen säkularisiert und als Aula genutzt – besitzt Würzburgs höchsten Turm. Normalerweise kann man den nicht so einfach besteigen, es sei denn, man macht einen Termin mit Dr. Dr. Jürgen Buchner aus. Der Diakon gehört zu den wenigen Musikern, die ein Carillon spielen können, und war auch verantwortlich dafür, dass der damals leer stehende Turm 2005 mit dem exotischen Instrument ausgestattet wurde. Ein Aufstieg zum Carillon ist besser als jedes Training im Fitnessstudio. Nach 250 Stufen über steile Holztreppen landet man im Rapunzelzimmer: ein winziger, schalldichter Raum, kaum größer als das Instrument, das er beherbergt.

Steigt man noch etwas höher, wird der Blick auf 51 unterschiedliche Glocken frei. Die größte hat einen Durchmesser von einem Meter und ist mit dem Wappen der Universität verziert. Über einen Drahtzug werden Klöppel bewegt, die wiederum die Glocken zum Klingen bringen. Die Klaviatur, das sogenannte »Stokkenklavier«, spielt der Carillonist meistens mit den Fäusten, da der Glockenanschlag einen gewissen Kraftaufwand erfordert. Doch: »Man darf nicht nur draufhauen, man muss aus dem Handgelenk heraus shaken, wie ein Barkeeper«, sagt Jürgen Buchner.

Eine Ausbildung für das mittelalterliche Instrument, das seine Blütezeit in Belgien und den Niederlanden des 17. Jahrhunderts erlebte, gibt es hierzulande nicht. Buchner bietet jedoch Unterrichtsstunden auf dem Carillon an. Zusammen mit seinen Schülern untermalt er Weihnachtkonzerte oder Alumni-Veranstaltungen – und natürlich die Mittwochskonzerte. Sie dauern etwa eine halbe Stunde und sind am besten im Innenhof der Alten Universität zu hören. Neben klassischen Titeln landen schon auch mal *Smoke on the water* oder *Yellow Submarine* auf der Playlist.

Festungsflimmern, Festung Marienberg, 97082 Würzburg
Tel. 09 31/7 97 25 30, www.festungsflimmern.de
Ende Juni–Mitte Juli
Schönborntor: Linie 9

52. Kino unterm Sternenhimmel

Eine beeindruckende Aussicht kann man vom Festungsberg das ganze Jahr über haben, noch mitreißender ist diese aber an jenen warmen Sommernächten des Jahres, an denen das *Festungsflimmern* stattfindet. Das Event mit dem klangvollen Namen ist ein Open-Air-Kino, das ein paar Wochen lang die Neutorwiese in einen Freilicht-Kinosaal verwandelt. Mit seiner Hanglage ist das Gelände dafür prädestiniert, weil hier die Natur die abschüssige Bestuhlung eines Kinosaals quasi von selbst vorgibt.

Die Filmauswahl ist ähnlich der vieler Open-Air-Kinos in der Republik. Es werden beliebte Streifen der Vorjahre gezeigt, melancholische oder gut gelaunte Sommer-Blockbuster wie *Endless Love*, *From Dusk till Dawn* oder *Hai-Alarm am Müggelsee*, aber auch Insider, wie die Filmbiografie von Hitchcock, kommen zum Zuge.

Doch das *Festungsflimmern* hat noch einige Schmankerl mehr zu bieten, die teilweise aus der Not geboren sind und aus dem Kinobesuch ein unvergessliches Erlebnis machen: Weil Bestuhlung auf der Wiese verboten ist, sitzt das Publikum auf den Unterlagen, die es selbst mitbringt: Alte Zeitungen, Picknickdecken oder Sitzsäcke können als Möbel dienen, und schnell bekommt das Event das Flair einer selbst organisierten Grillparty. Weil es im Sommer spät dunkel wird, läuft in der Zeit, bis der Film starten kann, jeden Abend ein anderes Vorprogramm, meistens gibt es Livemusik von Bands aus der Region. Nach 22 Uhr müssen in Würzburg wegen Ruhestörung die Lautsprecher ausgeschaltet werden, doch der Veranstalter schmeißt seine Gäste nicht raus, sondern verteilt stattdessen Kopfhörer für die letzte Film-Etappe – bei Mondschein verleiht das dem Event eine heimelig-private Note und macht es zu einer beliebten Adresse für ein erstes Date! Den Abstieg vom Festungsberg in die Innenstadt bewerkstelligt man dann am besten mit einer Taschenlampe und genießt erneut die Aussicht, dann aber nicht auf die Leinwand, sondern auf die Lichter der im Tal liegenden Innenstadt.

Das *Festungsflimmern* wird von der Grafik- und Designagentur *die eine* organisiert und ist das Flaggschiff der Open-Air-Kino-Events. Es lohnt sich aber, auch nach anderen Kinovorführungen des Veranstalters Ausschau zu halten. Hin und wieder lädt *die eine* zum *Autoflimmern* ein, einem Autokino auf dem Parkplatz vor dem Dallenbergbad in Heidingsfeld, oder zum *Nachtflimmern Nachtzirkus*, einer Aftershowparty nach dem Kino, zu dem extra ein Zirkuszelt in der *Posthalle* aufgebaut wird.

Internationales Filmwochenende im Kino Central
Frankfurter Str. 87, 97082 Würzburg
Tel. 01 72/6 97 02 15, www.filmwochenende.de
Verlängertes Wochenende im Januar
Bürgerbräu: Linie 4

53. Bingewatching mit Stil

Ein halbes Jahrhundert – das ist nicht nur in der Filmbranche eine lange Zeit. Doch fast so lange, nämlich seit 1974, existiert das *Internationale Filmfestival* in Würzburg bereits und holt Jahr für Jahr Independent-Streifen, europäisches Kino, Kurzfilme und allerlei andere Raritäten auf die Leinwand.

Dabei stand es bis vor Kurzem insgesamt gar nicht so gut um die Kinovielfalt in Würzburg: Als 1999 mit dem *Cinemaxx* das erste Großkino in der Region eröffnete, mussten im Zuge dessen zahlreiche kleinere Programmkinos schließen, unter anderem das *Odeon*, in dessen Hallen heute ein Club residiert, oder das *CC-Kino* in der Eichhornstraße.

Doch die Würzburger Liebhaber des Lichtspieltheaters haben die Durststrecke überwunden: Das genossenschaftlich organisierte Programmkino *Central* bietet unabhängigen und experimentellen Formaten eine neue Heimat. Auch das *Internationale Filmwochenende* gastiert seit 2017 in dem alternativen Kino auf dem → *Bürgerbräu-Gelände* (s. S. 158f.) und bespielt mit seinen Empfängen, Diskussionsrunden und Vorträgen auch die benachbarten Bars und Veranstaltungsflächen im neuen Zellerauer Kulturareal.

Filmliebhaber sollten sich das entsprechende Wochenende im Januar rechtzeitig fett im Kalender markieren. Vier Tage lang werden mehr als 50 Filme aus allen Teilen der Welt gezeigt, die das Publikum in den Kategorien Spielfilm, Dokumentarfilm, Kurzfilm sowie Kinder- und Jugendfilm bewerten darf. Weitere spezielle Formate wie Stummfilme, selbst gedrehte Filme aus der Region oder Kurzfilme mit Attributen wie »heiter und herzlich«, »ernst und packend« oder »schräg und schrullig« runden das Festival ab.

Der Eintritt für eine Filmvorführung kostet zwischen zehn und 15 Euro, allerdings können Cineasten Mehrfachkarten lösen, mit denen fünf Vorstellungen für nur 30 Euro oder sogar zehn Vorstellungen zum Preis von nur 50 Euro genossen werden können. Das Modell scheint gut anzukommen: Mehr als 9000 Besucher haben in den letzten Jahren jeweils rund 15000 Tickets erstanden. Das Organisationsteam dürfte das stolz machen, auch weil es komplett ehrenamtlich und kostendeckend arbeitet. Übrigens freuen sich die Organisatoren immer über freiwillige Helfer, die mit anpacken!

Kellerperle, Am Studentenhaus 1, 97072 Würzburg
Tel. 01 53/7 78 59 42, www.kellerperle.de
Sanderring: Linie 1, 3, 4, 5

54. Wo die Ideen perlen

Und da sag noch einer, Proteste könnten nicht konstruktiv sein: Nachdem 2009 überall in der Republik Hörsäle besetzt wurden, um für mehr Freiräume in den straffen Bachelor- und Masterstudien einzutreten, handelte eine Handvoll Studierender in Würzburg kurzerhand mit dem Studentenwerk aus, dass sie den Keller unter dem Mensa-Gebäude für Projekttreffen und eigene Aktivitäten nutzen dürfen. Mittlerweile hat sich daraus der Verein *Studentische Kulturinitiative Würzburg* gegründet, und die *Kellerperle* ist aus dem Würzburger Nachtleben nicht mehr wegzudenken.

Das Programm changiert irgendwo zwischen Sub-, Neben- und Partykultur und ist dabei so vielschichtig wie die Studierendenszene insgesamt auch. Lesungen von regionalen Autoren werden beworben mit Texten wie diesen: »Gibt Besprechungen zu großen Ländern, fernen Ländern, guten Ländern, aber auch aus Ländern mit wilden Tieren und komischen Bräuchen. Vielleicht gibt es auch Dias mal schauen ob ich die entwickelt bekomme.« Filmtitel für Veranstaltungsreihen werden mitunter ausgesucht nach Kriterien wie »Filme die blau im Namen tragen oder irgendwie anders blau sind«. Und hin und wieder gibt's Nachtflohmärkte, Power-Point-Karaoke oder Konzerte studentischer Newcomer-Bands.

Doch wer das wahre Perlen-Feeling miterleben will, der konsumiert nicht nur in dem Keller unter der Mensa, sondern packt mit an. Denn als studentische Initiative ist die *Kellerperle* das, was ihre Mitglieder draus machen. Die Veranstaltungspläne werden in einem hierarchielosen Geflecht aus Arbeitskreisen und Gremien abgestimmt und organisiert, was auf den ersten Blick ein bisschen chaotisch aussieht, in Wahrheit aber viel Liebe und Leidenschaft offenbart. Jeden ersten Dienstag im Monat lädt der Verein zum »Perlentreff« ein, wo vergangene Projekte reflektiert und zukünftige Vorhaben in die Spur gebracht werden. »Der Ort wo die Ideen perlen« heißt das Leitmotiv des studentischen Kulturzentrums, und neuen Ideen sind hier wahrlich kaum Grenzen gesetzt.

Klangkartei-Konzerte, unterschiedliche Orte
Tel. 09 31/73 04 21 00, www.klangkartei.de/klangkarteikonzerte

Klassenabende der Musikhochschule, unterschiedliche Orte
Tel. 09 31/32 18 70, www.hfm-wuerzburg.de/veranstaltungen
18.00 oder 19.30 während des Semesters an unterschiedl. Wochentagen

Öffentliche Mittagskonzerte »Musik publik«, Gebäude Bibrastr., Saal U 08
Tel. 09 31/32 18 70, www.hfm-wuerzburg.de/veranstaltungen
Mi u. Fr 12.00 (während des Semesters)

55. Unerhörte Orte

Man kennt das Prinzip ja vom Friseur: Wenn der Lehrling seine ersten Schnittversuche macht, bekommt man die Frise in der Regel für lau. Ähnlich funktionieren die »Öffentlichen Mittagskonzerte« und die »Klassenabende« der Würzburger Musikstudenten: Wer in seinem Mittagspäuschen oder nach der Arbeit Lust auf musikalische Unterhaltung hat, der schaut in der Bibrastraße vorbei und genießt die kostenlosen Klänge der »Musik-Azubis«. Diese lernen auf der anderen Seite, sich vor der Öffentlichkeit zu präsentieren. Denn Berufsmusiker haben es trotz einer hervorragenden Ausbildung nicht leicht. Angeblich gelingt immer weniger Studierenden der Einstieg ins Berufsleben.

Unterstützung erhalten die Musikstudis auch vom 2015 gegründeten Würzburger Start-up *Klangkartei*. Solo-Künstler und Ensembles aus ganz Deutschland können auf der Internet-Plattform mithilfe von Fotos, Hörbeispielen und Programmvorschlägen auf sich aufmerksam machen. Die *Klangkartei* »verleiht« die Musiker dann für Klavierabende, Kammermusikkonzerte, Matineen, aber auch Hochzeiten, Firmenfeiern oder Geburtstagsständchen. Das Team rund um Initiator Tim Wendhack – allesamt Musikwissenschaftler – präsentiert außerdem vier- bis fünfmal im Jahr Konzerte mit begabten jungen Musikern aus der Kartei – kostenlos.

Mit ihren »Klangkartei-Konzerten« brechen Tim Wendhack und seine Kollegen Cathrin Mauer und Holger Slowik bewusst aus dem erstarrten Musikbetrieb aus. Die Konzerte finden darum an außergewöhnlichen Orten statt, in einer Fabrikhalle zum Beispiel oder auf einem Schiff, sie beziehen eine Kunstausstellung mit ein oder eine Lesung. Auf diese Weise wird die klassische Musik aus ihren angestammten Räumen geholt und Würzburg an – wie heißt es auf der Website so schön – »unerhörten Orten zum Klingen gebracht«. Durch den freien Eintritt zu den Konzerten und die Tatsache, dass sowohl die Musiker als auch die Veranstalter noch sehr jung sind, sollen die Hemmungen vor dem klassischen Konzertbetrieb genommen werden. Denn: »Für uns ist klassische Musik weder bürgerliches Bildungsprivileg noch gepflegte Unterhaltung, sondern eine zutiefst in der Gegenwart verankerte Notwendigkeit«, so Tim Wendhack.

Kulturspeicher
Oskar-Laredo-Platz 1, 97080 Würzburg
Tel. 09 31/32 22 50, www.kulturspeicher.de
Di 13.00–18.00, Mi 11.00-18.00, Do 11.00–19.00, Fr–So 11.00–18.00
Congress-Centrum: Linie 4

Tipp: Ebenfalls im Gebäude des Kulturspeichers befinden sich der tanzSpeicher, das Kabarett Bockshorn und die MS Zufriedenheit, die sich nachts regelmäßig in einen Club verwandelt.

56. Vom leiblichen zum geistigen Wohl

Womöglich liegt es an der Vergangenheit des *Kulturspeichers*, dass Kunst hier nicht nur distanziert an der Wand hängt, sondern dem Besucher »greifbar« nahegebracht wird. Immerhin handelt es sich bei der ausladenden Halle um den ehemaligen Getreidespeicher der Stadt, in welchen Schiffsladungen voller Korn direkt aus dem Hafen eingelagert wurden und ab diesem Moment nur darauf warteten, in Form von genießbaren Häppchen für das leibliche Wohl der Würzburger zu sorgen.

Vom leiblichen zum geistigen Wohl war es dann aber doch ein großer Schritt, und umfangreiche Restaurierarbeiten waren nötig, bis das Gebäude außen zu Lamellen und Lichtinstallation und innen zu zwei Dauerausstellungen kam: Die *Städtische Sammlung* mit dem Nachlass der Würzburger Bildhauerin und Zeichnerin Emy Roeder fokussiert sich auf regionale Kunst aus der Region, die Sammlung von Peter C. Ruppert bringt konkrete Kunst aus Europa nach 1945 zusammen. Beide Sammlungen haben gemeinsam, dass sie in der Zeit nicht so wahnsinnig weit zurückgehen und deshalb Werke beinhalten, die mit dem traditionellen Kunstverständnis brechen, weil sie interaktiv sind, sich bewegen, sich zum Besucher verhalten oder sonst irgendwie aus dem Rahmen fallen. Das gibt die Stoßrichtung für den gesamten Kulturspeicher vor: Ob es Wechselausstellungen sind wie »Desperate Housewives – Künstlerinnen räumen auf«, in der sich feministische Kunstschaffende provokant mit den Räumen der Hausarbeit auseinandersetzen, ob es »M« ist, ein multikulturelles Sprachcafé, oder der »Kunstaperitif«, der in 20 Minuten eine Blitzführung mit einem Feierabendgetränk verbindet (7 Euro Eintritt) – im *Kulturspeicher* ist Kunst ein greifbares Erlebnis.

Besonders zum Mitmachen laden dabei natürlich die museumspädagogischen Angebote ein. Gerade für Familien hat der *Kulturspeicher* ein ganzes Sammelsurium an Vermittlungstools im Angebot – vom MP3-Guide über die »Aktivboxen«, die einzelne Kunstwerke in Karten- und Brettspiele einbinden, bis hin zu einem kuratierten Kindergeburtstag in den Räumlichkeiten des Museums. Und für große Kinder und Erwachsene gibt es an zwei Donnerstagen in jedem Monat jeweils von 17 bis 19 Uhr die Möglichkeit, selbst Künstler zu werden und beim »Freien Zeichnen« im Museum den Pinsel zu schwingen.

Mainfranken Theater Würzburg, Theaterstr. 21, 97070 Würzburg
Tel. 09 31/3 90 81 24 (Theaterkasse), www.theaterwuerzburg.de
Mainfranken Theater: Buslinie 6, 9, 12, 16, 17, 114, 214

57. Theater für nix!

Ein Kinoticket kostet im Schnitt zehn Euro. Bei einer 3-D-Vorstellung mit Getränk und Popcorn kommen so für einen Kinoabend schon mal locker 20 Euro zusammen. Da ist es doch weitaus günstiger, ins Theater zu gehen – zumindest während des Studiums. Das *Mainfranken Theater Würzburg* bietet nämlich jedes Semester extragünstige Tickets für Studierende, Schüler und Auszubildende bis 25 Jahren an. Die sogenannten »Last-Minute-Karten« können 30 Minuten vor Vorstellungsbeginn bereits ab neun Euro erworben werden. Noch günstiger fahren Erstsemestler. Die zahlen nämlich im Rahmen der »Theater für nix«-Aktion rein gar nichts. Pünktlich zum Semesterbeginn können sich die Studienanfänger an der Abendkasse Freikarten für nicht ausverkaufte Vorführungen abholen.

Dem *Mainfranken Theater* ist viel daran gelegen, auch ein jüngeres Publikum an sein Haus zu binden. Denn in den letzten Jahren ging es dem Traditionshaus finanziell nicht immer rosig, 2001 stand es trotz Sparmaßnahmen sogar kurz vor dem Aus. Die Würzburger hielten jedoch an ihrer Institution fest, und eine Schließung konnte verhindert werden. Das »Junge Theater« ist seitdem ein starker Programmpunkt.

Unter der Leitung von Generalmusikdirektor Enrico Calesso spielen musikbegeisterte junge Menschen gemeinsam mit dem Philharmonischen Orchester Jugend- und Familienkonzerte ein. Und neben den Schultheatertagen werden sogar mehrmals Kinderkammerkonzerte ab drei Jahren angeboten.

Das fränkische Theater, das 2004 sein 200-jähriges Bestehen feierte, kann durchaus auf eine stolze Vergangenheit zurückblicken. So war beispielsweise in der Spielzeit 1833/34 der 20-jährige Richard Wagner als »Choreinstudierer« und »Leiter der Pantomime« am Haus beschäftigt. Seine Urenkelin Katharina Wagner gab 2002 mit der Inszenierung *Der fliegende Holländer* in Würzburg ihr Debüt als Opernregisseurin. Sogar die Komponisten Niccolò Paganini und Richard Strauss reisten schon für Gastspiele hierher.

Damit sich das Theater auch zukünftig als Ort der Kultur erhalten kann, beschloss der Stadtrat 2015 die Sanierung des Gebäudes. Im Zuge dessen soll das Dreispartenhaus (Musik, Schauspiel und Tanz) auch um eine Spielstätte mit rund 330 Plätzen erweitert werden.

Poetry Slam in der Posthalle
Bahnhofplatz 2, 97070 Würzburg
www.wüslam.de
Jeden ersten So im Monat, Einlass 19.30, Beginn 20.15
Hauptbahnhof: Linie 1, 2, 3, 5

U20-Slam im Jugendkulturhaus Cairo
Fred-Joseph-Platz 3, 97082 Würzburg
www.cairo.wue.de/veranstaltungen
Rot-Kreuz-Straße: Linie 640

58. Wettstreit der Dichter und Poeten

Wer heute nicht weiß, was ein Poetry-Slam ist, der hat in den letzten 20 Jahren auf dem Mond gelebt oder als Einsiedler auf einem Berg. Der Literatur-Wettstreit ist mittlerweile ein so fester Bestandteil im Nachtleben einer jeden Universitätsstadt, dass das »Sub«-Label vor der »Kultur« eigentlich gestrichen werden müsste. Das Prinzip ist immer gleich: Junge Nachwuchsliteraten treten auf einer Bühne mit eigenen Texten gegeneinander an, die manchmal etwas nachdenklicher und tiefgründiger ausfallen, manchmal lustig Anekdoten aneinanderreihen, ein ander Mal mit einem Rhythmus in einer Weise vorgetragen werden, die schon fast an Sprechgesang erinnert.

Würzburg hat gleich ein paar Slam-Veranstaltungen zu bieten. Ein unregelmäßiger »U20-Slam« im *Jugendkulturhaus Cairo* bietet Slammern unter 20 Jahren mit weniger Routine die Möglichkeit, ihre erste Bühnen-Erfahrung zu sammeln. Der »Wü-Slam« in der *Posthalle* findet jeden ersten Sonntag im Monat statt und featured neben regionalen Künstlern auch immer einen bekannteren Slammer von außerhalb. Er wird moderiert von der regionalen Slam-Größe Christian Ritter, der mittlerweile zwar in Berlin lebt, aber noch immer häufig auf den fränkischen Bühnen vertreten ist. Ritter hat ein echtes Faible für das Format, ist zwischen 2005 und 2014 bei jeder deutschsprachigen Meisterschaft aufgetreten und hat sich in dem Buch *Dichter schlachten* ausgemalt, wie wohl ein Mord in der Poetry-Slam-Szene aufgeklärt werden würde.

Blutig geht es auch beim »Dead-or-Alive-Slam« zu, einer wahren Institution in Würzburg, die sowohl im → *Mainfranken Theater* (S. 142f.) als auch in seinem aktuellen Austragungsort *Posthalle* ein Publikum von der Größe eines Pop-Konzertes für sich begeistert. Das Prinzip hier: Poetry-Slammer, die eigene Texte verlesen, treten gegen Slammer an, die tote Dichter verkörpern und auch die Texte der Verstorbenen rezitieren.

Neben den regionalen Slam-Veranstaltungen gibt es franken- und bayernweite Meisterschaften, die manchmal anderswo in der Region, immer wieder aber auch in Würzburg gastieren. Eine aktuelle Übersicht über Slams in der Mainmetropole findet sich zum Beispiel im Event-Kalender von *wuerzburgwasgeht.de.*

Puppentheater Spielberg, Reiserstr. 7, 97080 Würzburg
Tel. 09 31/2 66 45, www.theater-spielberg.de
Öffnungszeiten je nach Spielplan (s. Homepage)
Pestalozzistraße: Linie 5

59. Puppen auf der Bühne

Wer heutzutage an Puppentheater denkt, dem kommt vielleicht noch die *Augsburger Puppenkiste* in den Sinn. Dabei sind die Augsburger nur deshalb so bekannt, weil es gleich mehrere ihrer Puppenspiele ins Fernsehen geschafft haben. Doch Puppentheater war nie fürs Fernsehen gemacht! Das echte Puppentheater-Feeling kommt nur live auf, wenn man direkt vor der Bühne sitzt, und wenn man hinterher die detailverliebt gestalteten Puppen anfassen und sich von ihrer Magie beeindrucken lassen kann.

Auch Würzburg hat so eine Puppenbühne. Sie wurde 1978 als *Puppentheater Spielberg* gegründet, nicht etwa, weil hier Puppen auf einem Berg spielen, sondern weil die Straße, in der die Bühne zuerst gastierte, »Spielberg« hieß. Mittlerweile findet man das Puppentheater im Stadtteil Grombühl; Designer und Puppenspieler Norbert Böll ist seit damals aber seiner Bühne treu geblieben.

Das Puppentheater auf der anderen Seite der Bahngleise in Grombühl ist zu vielen Gelegenheiten einen Besuch wert. Wer Kinder hat, kann seinen Sprösslingen hier einen unvergessenen Nachmittag bescheren. Um selbst jung zu bleiben, kann man sich in seine Kindheit zurückversetzen. Und an einem Regentag kann man hier einen Nachmittag der Entschleunigung genießen. Denn digitale Hilfsmittel sucht man im *Puppentheater Spielberg* vergebens. Kein CGI-Effekt verfälscht das Bild, alle Geschichten, die hier auf die Bühne gebracht werden, nehmen mit ausschließlich analogen Hilfsmitteln Gestalt an. Handgeschnitzte und -geschneiderte Stab-, Hand- und Marionettenpuppen hauchen Stoffen aus Märchen, Sagen und eigenen Produktionen Leben ein. Das Programm reicht von *Die Zauberflöte* über *Hänsel und Gretel* bis hin zu *Wo die wilden Kerle wohnen*.

Wer als Erwachsener das Puppenspiel besuchen möchte, ist ebenso willkommen wie die Kleinen, muss sich aber womöglich ducken. Im ersten Stock über der Bühne hat der Besitzer ein Kindercafé eingerichtet. Nach jeder Familienvorstellung gibt es dort die Möglichkeit zu einem »Nachschlag«, der aber vor allem an ein Publikum unter zwölf Jahren adressiert ist. Die gute Nachricht für Eltern: Dieser Raum kann auch für Kindergeburtstage gebucht werden. (Oder für Erwachsenengeburtstage – wenn die Gäste sich nicht an dem Miniaturmobilar sowie dem Rauch- und Alkoholverbot stören …)

Rokoko-Apotheke, Juliuspromenade 19, 97070 Würzburg
Treffpunkt: Brunnen im Park
Tel. 09 31/3 93 14 00, www.juliusspital.de
Kosten: 13 Euro pro Person
Juliuspromenade, Linie 1, 2, 3, 4

60. Phönix aus der Asche

Da war nicht mehr viel übrig. Fotografien aus dem Jahre 1945 zeigen das Juliusspital im Wesentlichen als ausgebrannte Ruine. Doch Glück im Unglück: Die herrliche Rokoko-Apotheke im Inneren konnte gerettet werden. Von diesem Umstand berichtete sogar *Der Spiegel* 1947: »Aus dem Inferno der Brandnacht, die Würzburg zu 87 Prozent in Asche legte [...], hat sich noch eine Kostbarkeit gerettet: die einzige Rokokoapotheke der Welt. Wenn sie auch sozusagen in der Westentasche des gewaltigen Gebäudekomplexes steckte, so war es doch ein Wunder, daß sie dem Luftdruck zweier schwerer Bomben widerstand. Man hat sie nun ausgegraben und fand sie fast unversehrt.« In der Tat wäre die Apotheke bei einem früheren Luftangriff fast zerstört worden, konnte jedoch in letzter Minute vor dem Verbrennen bewahrt werden. Zur Sicherheit wurde das Inventar ausgelagert und der Raum mit einer starken Mauer geschützt.

Dank dieser weisen Entscheidung ist es heute möglich, die komplette Apotheker-Ausstattung in der kunsthistorisch äußerst interessanten Rokoko-Offizin zu bewundern. Der Arbeitsraum befindet sich im Erdgeschoss des 1704 vollendeten sogenannten Fürstenbaus des Juliusspitals. Unter einem mit Fresken und Stuck reich bedachten Deckengewölbe beeindrucken – nicht weniger reich verzierte – Regale, gefüllt mit altmodisch beschrifteten Schubladen und Glasflaschen. Auch den Mörsern, dem Messinggeschirr und den goldenen Waagen konnte der Zweite Weltkrieg nichts anhaben. Dominiert wird der Raum vom sogenannten Rezepturtisch mit seinem imposanten schmiedeeisernen Aufbau des Würzburger Kunstschmiedes Johann Georg Oegg. Auch andere namhafte Künstler verewigten sich in der *Rokoko-Apotheke*, so zum Beispiel der Hofbildhauer Johann Peter Wagner, von dem die geschnitzten Regale und Figürchen stammen.

Die Apotheke ist im Rahmen von Führungen von März bis Mitte Dezember zugänglich: Jeden Sonntag um 10.30 Uhr findet die eineinhalbstündige Besichtigung »Die Stiftung Juliusspital« statt, in deren Rahmen neben der Apotheke auch die historischen Gebäude und der legendäre Holzfasskeller gezeigt werden. Und natürlich darf bei einer Führung in Deutschlands zweitgrößtem Weingut auch eine kleine Weinprobe nicht fehlen. Übrigens: Bis heute unterhält die 1576 von Fürstbischoff Julius Echter gegründete gemeinnützige *Stiftung Juliusspital* ein Krankenhaus, ein Seniorenstift und ein Hospiz – und zwar alles aus den Erlösen von Weinbergen, Landwirtschaft und Wald finanziert.

Staatlicher Hofkeller Würzburg, Residenzplatz 3, 97070 Würzburg
Tel. 09 31/3 05 09 23, www.hofkeller.de
März–Dez Fr 16.30 u. 17.30
Sa, So u. Fei 10.00, 11.00, 12.00, 14.00, 15.00, 16.00, Sa auch 17.00
Dom (ab dort zu Fuß 10 min): Linie 1, 3, 4, 5

Tipp: Seit 2003 finden in Kooperation mit der Filminitiative Würzburg »Die Filmnächte« im Hofkeller statt. Es werden alte Schwarz-Weiß-Filme präsentiert, dazu gibt es Sekt und Wein aus eigener Produktion.

61. Sprechende Holzfässer

Wenn die Holzfässer im Residenzkeller sprechen könnten … Sie würden von Fürstbischöfen und Hofbeamten erzählen, von feucht-fröhlichen Abenden und traurigen Abschieden, von Missernten und überragenden Weinjahrgängen. Tief im Inneren der Würzburger Residenz, in den labyrinthisch verschlungenen Kellergängen des ehemaligen *Fürstbischöflichen Hofkellers* lagern bis heute 300 Holzfässer, die etwa 700 000 Liter Wein fassen können.

Wer die Geschichte der Fässer hautnah spüren, riechen und schmecken möchte, der kann an einer Führung durch einen der schönsten Weinkeller der Welt teilnehmen. Das Mitte des 18. Jahrhunderts von Balthasar Neumann konstruierte Kellergewölbe wurde von der *UNESCO* 1981 gemeinsam mit der darüberliegenden Residenz in den Rang eines Weltkulturerbes erhoben.

Während der etwa 45 Minuten dauernden Führung wird der Weinkeller von einer Vielzahl von Kerzen in ein sanftes Licht gehüllt. Imposante Kronleuchter verleihen dem alten Sandsteingewölbe eine edle und mystische Aura. Überall riecht es nach Wein und Holz. Doch vor allem die Fässer beeindrucken: 100 kleine Holzfässer, sogenannte Stückfässer, ruhen auf einer doppellagigen Konstruktion im »Stückfasskeller«. Dazwischen: meterlange Tische und Bänke für bis zu 160 Personen, die hier Woche für Woche an öffentlichen und privaten Weinproben teilnehmen. Auch während der Führung wird ein Wein des *Staatlichen Hofkellers* verkostet.

Gar nicht so trocken, wie man meint, geht es im »Beamtenweinkeller« nebenan zu. In riesigen Fässern wurde der flüssige Sold für die Hofbediensteten gelagert. Diese erhielten ihr Gehalt nämlich traditionell zu einem Gutteil in Wein ausbezahlt. Ein 60 Meter langer Museumstunnel führt vom nördlichen in den südlichen Weinkeller, wo heute die Rotweine reifen. Bilder und Texte an den Wänden versuchen die Geschichte des Kellers lebendig zu machen – vom Gründungsjahr 1128 bis in die Gegenwart, vom *Bischöflichen* und *Fürstbischöflichen* über den *Königlich Bayerischen* bis zum *Staatlichen Hofkeller Würzburg*. Die Holzfässer im Keller bleiben stumm. Doch wer innehält und das Ambiente auf sich wirken lässt, spürt die allgegenwärtige Geschichte.

Theater Chambinzky, Valentin-Becker-Str. 2, 97072 Würzburg
Tägl. ab 18.00, Mo u. Di allerdings nur bei Veranstaltungen geöffnet
Tel. 09 31/1 28 02, www.chambinzky.com
Rennweg: Bus 14

62. Theater ganz privat

Oft machen etymologische Forschungen in Würzburg keinen Sinn. Herkunft und Bedeutung von Location-Bezeichnungen erschließen sich meist von selbst: → *Bäcks* (s. S. 188f.) heißen selbstverständlich so, weil die Besitzer früher auch eine Backstube hatten, und was »Bräu« heißt, hatte mal eine eigene Braustube. Beim *Chambinzky*-Theater allerdings fördert die Namensforschung ganz neue Erkenntnisse zutage: Die Bühne im Frauenland vereint vieles in ihrem Namen: »Chambinzky« nämlich ist ein Kunstwort, das auf »théâtre de chambre« (französisch für Zimmertheater) hinweist und außerdem den Namen seines Gründers Rainer Binz im Namen trägt.

Was also ist ein »Zimmertheater«? In Frankreich bezeichnet es eine Theaterform, die man frei als »Privattheater« bezeichnen könnte. Schauspieler kommen also in eine private Wohnung oder eine Bar und geben eine Vorführung zum Besten. Die Nahbarkeit ist der Reiz: Wie im → *Torturmtheater Sommerhausen* (s. S. 154f.) existiert kaum eine Barriere zwischen Bühne und Publikum.

Dass das *Chambinzky* im Frauenland liegt, dem Bezirk, den Studierende auf ihrem Weg vom Hubland-Campus zur Innenstadt ohnehin durchqueren müssen, macht das Zimmertheater zu einer studentischen Anlaufstelle. In den Hallen einer früheren Tanzschule werden vor allem Komödien und Musicals zum Besten gegeben, darunter so abstruse Settings wie in *Die Wahrheit*, wo alles im zerwühlten Bett eines Hotelzimmers beginnt und sich die hier stattfindende Affäre immer mehr physischen und erzählerischen Raum nimmt.

Das *Chambinzky* besteht aus einem großen Raum mit 130 Plätzen und einem kleineren Zimmer mit 70 Sitzgelegenheiten, außerdem wird in Kooperation mit dem *Weingut am Stein* jedes Jahr eine Open-Air-Aufführung realisiert. Die Tatsache, dass das *Chambinzky* nicht nur Theater, sondern darüber hinaus auch Kneipe ist, dürfte es innerhalb des studentischen Publikums zu zusätzlicher Gunst befördert haben. Wem auch immer bei der → *Mitradgelegenheit* (s. S. 210f.) vom Hubland die Puste ausgeht, der findet hier eine willkommene Zwischenstation, um neue Kraft zu tanken. Die zugehörige Thai-Küche bietet Hähnchenspieße, Maultaschen und Curry.

Torturmtheater Sommerhausen, Hauptstr. 1, 97286 Sommerhausen
Tel. 0 93 33/2 68, www.torturmtheater.de
Di–Fr 20.00, Sa 16.30 u. 19.00, zusätzl. Spieltermine an Adventswochenenden
Kirchplatz: Buslinie 554

63. Kleine Theaterbühne im Turm

Theater. Allein schon bei dem Wort denkt man an Hochkultur, an große kinoähnliche Räume, riesige Bühnen und ein mehrere Hundert Personen großes Publikum. Dabei war Theater doch mal ganz anders! Ursprünglich ging es ums Geschichtenerzählen. Wenn fahrende Schauspieler und Sänger von einem Ort zum anderen gezogen sind, dann gab es kaum Distanz zwischen Bühne und Zuschauern. Dann war Theater auch mal interaktiv, und das Zuschauererlebnis war ganz unmittelbar.

So eine »greifbare« Art des Theatererlebnisses kann man im *Torturmtheater Sommerhausen* erleben. Der Name ist Programm: Das Theater ist im Turm eines mittelalterlichen Torbogens beheimatet, und aufgrund der räumlichen Verknappung fasst der Saal nur Platz für 50 Personen. Wobei auch der Begriff »Saal« schon nicht stimmt: Es handelt sich eher um ein Rondell, und die meisten Zuschauer sitzen auf dem Boden, ein bisschen beengt zwar, aber recht familiär um die Bühne herum. Die Stücke, die auf eben dieser Bühne gespielt werden, sind in der Mehrzahl ironisch gebrochen und gewürzt mit einer Prise schwarzem Humor. Manche sind Neuinterpretationen von Klassikern, wie *Don Quichote im Kältetraining*. Andere, wie *Eine Sommernacht*, greifen altbekannte Motive nur kurz auf und münden dann in eine Erzählung von der verkorksten Affäre zwischen einer Scheidungsanwältin und einem Gelegenheitskriminellen.

Was im *Torturmtheater* dargeboten wird, ist mitnichten so durchgestylt wie Aufführungen in großen Theatersälen, sondern im Gegenteil immer irgendwie individuell und speziell – aber genau hieraus zieht das Theater seinen Charme. Und natürlich aus seiner Lage: Sommerhausen ist kein Stadtteil von Würzburg mehr, sondern ein Vorort, 15 Kilometer von der Stadt entfernt. Wer zum Theaterbesuch den relativ weiten Weg auf sich nimmt, sollte den Trip unbedingt in einen Tagesausflug integrieren! Der gesamte kleine Ort mit seinen gerade mal 1 800 Einwohnern ist so etwas wie eine Künstlerenklave vor den Toren der Stadt. Neben dem *Turm* gibt es in Sommerhausen zwei weitere Theaterbühnen, mehrere Galerien, Weinstuben und gute Restaurants. Ein besonderes Highlight ist außerdem der in der ganzen Region bekannte → *Weihnachtsmarkt* (s. S. 114f.).

Würzburger Nachtwächter, Plattnerstr. 5, 97070 Würzburg
Treffpunkt: Vierröhrenbrunnen vor dem Rathaus
Tel. 09 31/ 7 09 77 80, www.wuerzburger-nachtwaechter.de
Rathaus: Linie 1, 3, 4, 5

Tipp: Mainka und sein Team – der »Schorsch«, die »Marktbärbl« und der »Häcker Karl« – bieten auch ausgefallene Stadtführungen im Stil eines Straßenkabaretts an.

64. Fränggisch für Anfänger

In »Wördsburch« wird gefränkelt. Wer den Dialekt in seiner herrlichsten Ausprägung hören möchte, sollte unbedingt mal mit dem Nachtwächter Wolfgang Mainka um die Häuser ziehen. Ausgestattet mit schwarzem Umhang, fränkischem Dreispitz, Hellebarde, Laterne und Horn dreht dieser Nacht für Nacht seine Runden durch die beschauliche Altstadt.

Mainka ist ein echtes Würzburger Original und gehört zum Stadtbild wie die 62 Kirchtürme. Seit 1995 schlüpft der hauptberufliche Rechtsanwalt und Kunsthistoriker in die Rolle des Nachtwächters. Das tat vor ihm über 100 Jahre keiner mehr, denn die Einführung der Gaslaterne im Jahr 1897 kostete die letzten drei Nachtwächter den Job. Zu ihren Aufgaben gehörte es, am Abend die Kirchen abzusperren und nachts zu jeder vollen Stunde ins Horn zu blasen. Sie hatten aber auch das Recht, verdächtige Personen anzuhalten, zu befragen und notfalls festzunehmen. Immer wieder kam es deshalb zu »Zusammenstößen« zwischen dem Nachtwächter und feiernden Studenten.

Doch zurück zum fränkischen Dialekt. Gemeinsames Kennzeichen aller Fränkisch-Sprechenden ist die mangelnde Unterscheidung von b und p, d und t, k und g. So wird aus der Paprika die »Babbriga«. Oder aus dem Politiker der »Bollidiga«, und die sind in Franken fei alle ein bisschen von »füanachde« (vorgestern). Aber zum Glück ist »der Franke an sich ja arch humorvoll – er lebt es nur nach innen!« Während Nachtwächter Mainka sein Grüpplein kreuz und quer durch die Gassen führt, plaudert er fröhlich-fränkisch über Ereignisse, Persönlichkeiten und Bauwerke der Stadtgeschichte.

Weg und Inhalt der Tour variieren von Mal zu Mal, doch Stammplätze des Nachtwächters sind der Sternplatz, das Lusamgärtchen und der Marktplatz. Wer mit Wolfgang Mainka unterwegs ist, erhält hier erste Einblicke in die Würzburger Geschichte, erfährt, von welchem Balkon Baumeister Balthasar Neumann auf die Stadt blickte, in welchen Weinstuben die Einheimischen ihre Schoppen am liebsten trinken und wie eigenartig Würzburger Fürstbischöfe beerdigt wurden.

Inzwischen gehen vier Nachtwächter im Wechsel auf die abendliche Tour. Mit dabei: ein ehemaliger Bürgermeister, ein begnadeter Laiendarsteller und eine bekannte fränkische Büttenrednerin als erste Würzburger Nachtwächterin.

Das Bürgerbräu-Gelände

Will man Würzburger in die Zellerau locken, braucht es immer einen Anlass. Das kann man so verstehen: Das westliche Stadtgebiet ist abgeschnitten von der Innenstadt. Die aktuelle Tramlinie 4 ist die einzige Verbindung in diesen »entlegenen« Fleck, und wenn man nach 1 Uhr mal nicht mit dieser fährt, ist der Fußweg ins Zentrum mit 30 Minuten ziemlich lang und eintönig.

Ein Anlass, in diese Zone Würzburgs vorzustoßen, entstand schon im 19. Jahrhundert in Form des Bürgerbräu-Geländes. Heute wird in Würzburg ja vor allem *Würzburger Hofbräu* getrunken. Man glaubt es deshalb kaum, aber es gab eine Zeit, da existierten in der Weinstadt ganze neun Bierbrauereien und mehr öffentliche Bierkneipen als Weinschenken! Damals lieferten sich die Brauer ein Kopf-an-Kopf-Rennen. Ganz vorne im Rennen: Das *Bürgerliche Brauhaus Zell-Würzburg*, das im heutigen Stadtteil Zellerau immer erfolgreicher wurde. Zum 100-jährigen Jubiläum im Jahre 1986 kamen 300 000 Hektoliter Bier aus den Zellerauer Braukesseln und wurden von 120 Arbeitskräften gemaischt, abgefüllt und verladen. Doch weil gefühlt ganz Deutschland eine Weile lang zum Bierbanausentum konvertierte und immer nur dieselben Sorten der großen Brauereien konsumiert wurden, musste im Jahre 1989 auch die stolze *Bürgerbräu AG*, wie das vormalige *Bürgerliche Brauhaus* seit 1952 hieß, ihre Pforten für immer schließen.

Kurzzeitig wurde die westliche Zellerau zu einem Mekka der Gegenkultur, als ab den Neunzigern auf einem Teil des Geländes das alternative Kulturzentrum *AKW* Punkbands und alternative Hippie-Kombos auftreten ließ. Auf Wirtschaftlichkeit war die ganze Unternehmung aber leider nicht ausgelegt und musste deshalb 2009 schließen.

Wohl niemand hätte zu diesem Zeitpunkt gedacht, dass das Bürgerbräu-Gelände als neuer Magnet am West-End der Stadt schon bald darauf ein Revival erleben würde. Doch 2009 hat eine Unternehmergruppe alles aufgekauft, und seitdem entsteht hier ein beeindruckendes Kultur- und Kreativzentrum, dessen Nutzungsmix für Würzburg einmalig ist.

Das Gelände ist heute vieles zugleich: In den renovierten Brauereigemäuern werden lichtdurchflutete Galerien eingerichtet. Eine Tanzschule lädt regelmäßig zu zeitgenössischen Kursen ein. Das genossenschaftsbetriebene Programmkino zeigt Indie-Filme, die man in Würzburg jahrzehntelang vermisst hat. Ein Bauernmarkt bietet Produkte aus der Region feil. Das Trainingszentrum der Basketballer von *s.Oliver Würzburg* wurde hierher verlegt. Und ein Coworking-Space soll ein bisschen Start-up-Kultur in den Westen der Stadt bringen.

Auch kulinarisch tut sich einiges auf dem Gelände: So serviert die *87bar* fränkische Hausmannskost im neuen Gewand. Klar ist auch, dass aufgrund der Geschichte des Areals der Biergarten nicht fehlen darf. Hier sitzt man auf Europaletten und nutzt ausrangierte Kabeltrommeln als Tische. Bestellt wird nicht irgendein Bier, sondern natürlich ein Craft-Beer, nämlich das neue »Bürgerbräu-Hausbier«. Laut geübten Testern hat es eine »Bernsteinfarbe mit altgoldener Note« – und soll dazu ziemlich lecker sein. Was den ehemaligen Eigentümern der *Bürgerbräu* aber gar nicht schmecken dürfte: Das neue Hausbier wird vom *Würzburger Hofbräu* produziert, einer der neun konkurrierenden Bierbrauereien von einst – der einzigen, die noch übrig geblieben ist.

TOP 5

KULTUR GRÖSSEN

1 Chorleiter Matthias Beckert

Der 1976 geborene Matthias Beckert ist Professor an der Würzburger Musikhochschule und Dirigent mehrerer Orchester und Chöre. Für die Leitung des *Monteverdichores* erhielt er schon zahlreiche Auszeichnungen, u. a. den Gewinn des ersten Preises beim Deutschen Chorwettbewerb und die Kulturmedaille der Stadt Würzburg.

2 Drehbuchautor Christian Zübert

Der gebürtige Würzburger Christian Zübert studierte sechs Semester Germanistik an der Uni Würzburg, bevor er sich ganz ins Filmgeschäft stürzte. Einem größeren Publikum ist er durch seine Regie für die beiden *Lammbock*-Filme bekannt geworden; daneben schrieb er z. B. das Drehbuch für einen *Tatort* und den *Dampfnudelblues*.

3 Komiker Frank-Markus Barwasser

Den 1960 in Würzburg geborenen Journalisten und Kabarettisten Frank-Markus Barwasser kennt ein breites Publikum vor allem als Schöpfer und Darsteller der Kunstfigur »Erwin Pelzig«. Seinen ersten Auftritt hatte der Franke mit »Cord-Hüdli«, rot-weiß-kariertem Hemd und Herrenhandtasche 1993 im *Theater am Neunerplatz*.

4 Opernsängerin Waltraud Meier

Die Würzburger Opernsängerin Waltraud Meier feierte ihr Debüt in der Rolle der Lola in *Cavalleria rusticana* am Würzburger Stadttheater. Heute gilt die Sängerin als eine der bedeutendsten Wagnerinterpretinnen; Auftritte hatte sie z. B. bei den Wagner-Festspielen in Bayreuth, an der Mailänder Scala und bei den Münchner Opernfestspielen.

5 Straßenmaler Marcel Heinzelmann

Wer in Würzburg lebt, hat sicherlich schon einmal ein Gemälde von Marcel Heinzelmann gesehen. Ob Sommer oder Winter – seit über 16 Jahren zeichnet der Straßenmaler mit dem Federhut seine großformatigen Porträts auf den Würzburger Asphalt. Daneben zieren seine Kunstwerke auch die Wände zahlreicher Würzburger Gaststätten.

WÜRZBURG ERLEBEN **DER GEHEIMTIPP**

Die User von *Würzburg erleben* haben gewählt, das ist ihr exklusiver Tipp:

Schriftsteller Dr. Gunther Schunk

Christian Papay: »Der Journalist und Schriftsteller Dr. Gunther Schunk prägt Würzburg dadurch, dass er unterhaltsam und informativ den unterfränkischen Dialekt darstellt, sei es in Lesungen, Videos oder den regelmäßigen Übersetzungen von Asterix- und Obelix-Bänden.«

NACHTLEBEN

Alte Mainmühle, Mainkai 1, 97070 Würzburg
Tel. 09 31/1 67 77, www.alte-mainmuehle.de
Tägl. 10.00–24.00
Rathaus: Linie 1, 3, 4, 5

65. Schoppen mit Aussicht

»Zu viel Leut? Da schieb ich heut!« Der launige Spruch auf einem Hinweisschild an der Alten Mainbrücke in Würzburg trägt viel Sprengkraft in sich. Denn eigentlich ist die verkehrsberuhigte Brücke nur für Autos gesperrt, für Fahrradfahrer und Fußgänger aber frei zugänglich. Doch gerade an warmen Sommertagen bzw. -abenden ist auf der Alten Mainbrücke kein Durchkommen. Grund für das Gedränge ist ein noch gar nicht allzu alter Brauch: der *Brückenschoppen*.

»Schoppen«, das muss man wissen, ist nicht etwa die Bezeichnung für einen ausgedehnten Einkaufsbummel, sondern für einen Viertelliter Wein, der natürlich fränkischer Herkunft ist. Schoppen gibt es in Würzburg an jeder Ecke, doch einer ist eben ganz besonders populär: der *Brückenschoppen* der *Alten Mainmühle*. Obwohl das Restaurant erst seit 2005 existiert und mit seiner Mühlradattrappe an der Außenfassade nur so tut, als wäre es schon sehr alt, ist der Genuss eines Weinchens draußen an einem der Stehtische oder direkt an der Brüstung für viele Würzburger an lauen Sommerabenden nicht mehr wegzudenken. Für Schoppen-Preise zwischen 4 und 5,50 Euro genießt man hier einen atemberaubend schönen Blick über den Main bis hinauf zur Festung. Die großen barocken Heiligenfiguren schauen einem dabei über die Schulter – Fürstbischöfe verstanden es ja auch zu feiern.

Weil aber so viele Würzburger ihren Tag gerne bei einem Brückenschoppen ausklingen lassen, häufen sich mittlerweile die Ärgernisse: Bei steigendem Alkoholpegel fliegt schon mal ein unachtsam platziertes Weinglas in den Fluss oder zerschellt unten auf der Straße. Fahrradfahrer finden auf der Mainbrücke dann gar kein Durchkommen mehr. Auf der Brücke weist sie mittlerweile auch oben erwähntes Schild aufs Absteigen hin. Doch die Schilderaktion des Stadtrates kommt nicht bei allen gut an. Sie hat sogar den Fahrradverband *ADFC* zu einer Stellungnahme veranlasst: Alles Blödsinn, urteilen die Fahrrad-Lobbyisten, weil ein schiebender Radfahrer ja gleich doppelt so viel Platz auf der ohnehin schon engen Brücke verbrauchen würde. Dass stattdessen die Weintrinker einfach einen Streifen für Fahrradfahrer freilassen sollen, ist bislang ein frommer Wunsch geblieben – und das, obwohl sogar ein privater Security-Dienst angeheuert wurde, um als »Brücken-Wächter« darauf zu achten, dass alles gesittet zugeht und ein Höchstmaß an Weingläsern nicht überschritten wird. Aber wie lautet ein geflügeltes Wort: »Ist der Wein erst mal im Manne, ist der Verstand gleich in der Kanne.«

Café MuCK, Sanderstr. 29, 97070 Würzburg
Tel. 09 31/4 65 11 44, www.cafe-muck.de
So–Do 9.00–1.00, Fr u. Sa auch länger
Sanderring: Linie 1, 3, 4, 5

66. Tatort MuCK

»Hier fühlen sich alle wohl: Schickis, Studis, Büroleute und fast der ganze Rest der Welt«, heißt es auf der Website des *MuCKs*. Was etwas großspurig klingt, kann an einem Sonntagabend ganz leicht bestätigt werden: Betritt man das *MuCK* dann durch die kultige Drehtür, spaziert man vorbei am Diskuswerfer in der Raummitte und folgt der langen, schwarz lackierten Holztheke durch den schmalen Durchgang in den hinteren Raum, dann wird schnell klar: *Tatort*-Fans gibt's in allen Schichten und Berufsgruppen, und sie treffen sich besonders gerne zum Public Viewen in der Musik-Café-Kneipe.

Steht nicht gerade ein *Franken-Tatort* an, der im Hauptraum auf einer Leinwand gezeigt wird, wie es ihm gebührt, läuft der Kultkrimi auf Bildschirmen im hinteren Bereich des Lokals. Dort entsteht dann plötzlich eine eingeschworene Gemeinschaft. Man teilt sich Tische, die Stühle werden im ganzen Raum verteilt und eine gewisse Ruhe liegt im Raum. Na ja, so ganz klappt es mit der Akustik nicht immer – manchmal sind die Zuhörer zu laut, dann ist der Fernseher wieder zu leise – aber wer den *Tatort* in der Öffentlichkeit schaut, dem geht es schließlich nicht um jedes Filmdetail, sondern um die Möglichkeit, ihn zusammen mit anderen zu erleben. Und natürlich auch darüber zu sprechen.

Außerdem gibt's im *MuCK* eine »ehrliche« Küche zu einem Preis-Leistungs-Verhältnis, wie man es sonst wohl kein zweites Mal in Würzburg findet. Vor allem der »MuCK-Burger« (4,30 Euro) ist empfehlenswert, riesengroß, frisch und immer homemade. Auch der Ofenfeta mit Salat ist sehr lecker und rundet einen *Tatort*-Abend perfekt ab. Dazu gibt es eine Auswahl an »Studi-Geldbeutel-gerechten Cocktails« ab 3,90 Euro.

Übrigens: Es lohnt sich auch tagsüber ins *MuCK* zu gehen – dank der täglich wechselnden Mittagsangebote und des super (günstigen) Frühstücks, das man bis 18 Uhr genießen kann. Perfekt für Langschläfer und Studenten und eben fast den ganzen Rest der Welt.

Kurt & Komisch, Sanderstr. 7, 97070 Würzburg
www.kurtundkomisch.de
Fr u. Sa sowie am Abend vor Feiertagen 22.30–5.00
Sanderring: Linie 1, 3,4, 5

Tipp: Kurt & Komisch gibt's auch open air – das hauseigene Sound-Mobil, ein vierrädriges Radl mit aufgebautem DJ-Pult, ist im Sommer am Mainufer oder bei ausgewählten Festivals unterwegs.

67. Deepe Bässe in der Sanderstraße

Dass in der Sanderstraße 7 der Bär steppt, merkt man schon, bevor man die Gewölbe des *Kurt & Komisch* betritt. Das teilt sich nämlich den sogenannten *Hof zum Heubarn* mit der Bar *Hoffnung* direkt im darüberliegenden Erdgeschoss sowie mit der Cocktailbar *Loma* nebenan, was dazu führt, dass Besucher nach dem Vorglühen regelmäßig hier hängenbleiben. Wo also früher mal Futter- und Lebensmittelvorräte umgeladen wurden, »sortieren« sich heute Massen feiernder junger Menschen um. Einige bleiben auf eine Zigarette im Hof hängen, doch die meisten bewegen sich früher oder später an den Türstehern vorbei in Richtung geschwungener Kellertreppe.

Nachdem man in der Regel um die fünf Euro gelöhnt hat, öffnet sich die Clubwelt des *Kurt & Komisch.* Musikalisch wird hier vor allem Hip-Hop, House und Drum'n'Base geboten. In Form von »Klubkasts« kann das meiste davon auch im Nachhinein auf der Website angehört werden. Insgesamt ist das Programm etwas »deep«, es beherrschen eher langsamere, basslastige Klänge den Raum, die aber durchaus tanzbar sind und einen suburbanen Charme ausstrahlen. Dazu holt man sich an der Bar am besten einen Schnaps (2,20 Euro) oder einen Cocktail (6,50 Euro).

Wer mal eine Pause von den entspannten Beats braucht, für den lohnt sich ein Blick auf die Deko: Hier hat das *Kurt & Komisch*-Team upgecycelt, was das Zeug hält. Die Skulptur im Chillout-Nebenraum entpuppt sich bei genauerem Hinsehen als Konstrukt aus alten, weiß lackierten Fensterrahmen, und an den Tresen finden sich Metallelemente, die von vergangenen Hochphasen des Industriezeitalters erzählen. Das Beleuchtungskonzept, das das Kellergewölbe ansprechend inszeniert, wurde von der Showtechnik-Firma *Steinigke* für seine Originalität sogar mal zum »Projekt des Jahres« gekürt.

Marktcafé Brandstetter, Marktgasse 3, 97070 Würzburg
Tel. 09 31/35 48 80, www.marktcafe-brandstetter.de
Mo–Sa 5.00–18.00, So 5.00–10.00
Rathaus: Linie 1, 3, 4, 5

68. Eier im Glas

An einem Sonntag früh um kurz vor fünf ist der Marktplatz noch wie ausgestorben. Von der Marktgasse her duftet es jedoch verführerisch nach frischen Brötchen und Hörnchen. Folgt man dem Geruch in die Seitenstraße, mehren sich auch die Geräusche von Stimmen. Vor dem *Marktcafé Brandstetter* schließlich wartet ein Pulk Menschen – darunter einige schlaflose Rentner und arbeitswütige Frühaufsteher, vor allem aber übernächtigtes Partyvolk. Wer die Nacht durchgetanzt hat, gönnt sich in der Bäckerei noch schnell ein Katerfrühstück und eine Tasse Kaffee.

Bereits eine halbe Stunde bevor der *Brandstetter* seine Glaspforten öffnet, tummeln sich auf der Straße junge Leute. Es ist laut, doch die Anwohner drücken immer wieder alle Augen (und Ohren) zu. Ab fünf ist bei den Angestellten dann Nervenstärke gefragt. Denn während in den Clubs die Lichter angehen, wird die Bäckerei selbst zur Partylocation. Wie eine Diskothek hat sie inzwischen zwei Türsteher angeheuert, die Krawallmacher im Zweifel kurzerhand vor die Tür setzen. Das kommt aber selten vor. Eher schläft mal einer am Tisch. Das allerdings auch nur so lange, bis ihm eine der Bedienungen »zwei Eier im Glas« vor die Nase setzt. Der *Brandstetter*-Klassiker! Die gekochten Eier werden reichlich mit Salz und Pfeffer gewürzt, mit einer Gabel zerdrückt und dann gegessen. Schmeckt garantiert besser, als es klingt.

Bekannt ist der *Brandstetter* auch für seine Hörnchen und Schinkenstangen, die direkt aus der benachbarten Backstube stammen. Die seit 1890 existierende Bäckerei und Konditorei hat ihren Hauptsitz in der Marktgasse 3, daneben bestehen aber noch drei weitere Filialen in der Würzburger Altstadt, unter anderem in den → *Schwalbenlädle* vor der Marienkapelle (s. S. 27). In der fünften Generation befindet sich das Café nun im Besitz der Familie Englert. Und schon seit ebenso langer Zeit öffnet es für Frühaufsteher und Wachgebliebene. Vor 40 Jahren traf sich die Jugend hier nach jedem Faschingstanz, heute strömt sie aus dem → *Dornheim* (s. S. 186f.) oder dem → *Kurt & Komisch* (s. S. 168f.) in die kultigen Räume.

MS Zufriedenheit im Kulturspeicher
Oskar-Laredo-Platz 1, 97080 Würzburg
Tel. 09 31/35 82 16 66, www.neueliebealterhafen.de
Restaurant: Do–Sa 18.00–22.00, So 12.00–15.00
Club: Fr, Sa u. vor Fei 23.00-5.00
Congress-Centrum: Linie 4

69. Neue Liebe, alter Hafen

Nirgendwo sonst kann man so schön aus einem Club torkeln wie am Alten Hafen: Die ersten Sonnenstrahlen brechen sich in den Wellen des Mains. Am Horizont erhebt sich surreal und mit industriellem Charme die Silhouette des Müllheizkraftwerkes. Und die Uferpromenade in Richtung Innenstadt ist seltsam unbelebt und friedlich.

Das ist das Bild, das sich dem tanzwütigen Besucher nach einer Party in der *MS Zufriedenheit* bietet. Denn der Club liegt in dem Teil des → *Kulturspeichers* (s. S. 140f.), der dem Main zugewandt ist, und spuckt seine letzten feiernden Gäste sozusagen direkt ans Mainufer aus – wo sie sich meist direkt in Richtung → *Brandstetter* (s. S. 170f.) zum Frühstücken begeben. Denn Tanzen macht hungrig. Und tanzen kann man auf den Partys hier wirklich gut – wahlweise zu House, Techno, Synth, Wave oder unter dem Partymotto »You! Me! Dancing!« zu den besten Pop-, Tronic- und Rock-Akkorden, und das bei einem Eintrittspreis von läppischen 4 bis 7 Euro.

Nicht immer ist die *MS Zufriedenheit* ein Club. Denn – auch das eine Besonderheit einer ungewöhnlichen Kooperation – tagsüber befindet sich hier ein Café Restaurant, das vor allem hungrigen Museumsgästen eine Rast bieten soll. Dafür hat eine vollkommen andere Betreibergesellschaft ein Konzept ausgearbeitet, das fränkische Kostbarkeiten mit einem neuen Dreh versehen soll. Gereicht werden beispielsweise Wurzelgemüse mit Steckrübenpüree und Grünkohl (11 Euro) oder Schweinebauch vom Freilandschwein aus dem Spessart mit Fenchel und Kichererbsen (16 Euro). Man kann dieselbe Location also zweimal völlig neu kennenlernen: einmal als kulturbewusstes Restaurant und dann noch mal als Partylocation, in der man die Zeit vergisst. So macht auch der Slogan, mit dem sich die *MS Zufriedenheit* nach außen präsentiert, einen doppelten Sinn: »Neue Liebe, Alter Hafen«.

Musikkneipe Tscharlie, Sanderstr. 8, 97070 Würzburg
Tel. 09 31/5 13 95
Mo–Do 19.00–2.00, Fr u. Sa 19.00–3.00, So 19.00–24.00
Sanderring: Linie 1, 3, 4, 5

Tipp: Wer sich traut, sollte unbedingt mal einen »Kutscher« trinken – Feuer frei!

70. Mit der Zeitmaschine zur Party

Eine aus weißen und roten Neonröhren zusammengebogene Gitarre strahlt grell in den Würzburger Nachthimmel. Die geschwungenen Schriftzüge »Musik«, »Kneipe« und »Tscharlie« erinnern schlagartig an die Atmosphäre eines Film noir aus New York oder an die Gemäldereihe *Boulevard of Broken Dreams* von Gottfried Helnwein. Und tatsächlich: Tagsüber ist die Bar am Würzburger Sanderring unscheinbar, nachts hingegen verschlucken ihr Flair und ihre Musik die Gäste und lassen die Zeit vergessen.

Auch drinnen weht der Wind einer anderen Epoche. Zum Bierchen erhält man hier nämlich noch handgemachte Rockmusik auf Schallplatte von täglich wechselnden DJs. Per Zettel kann man Musikwünsche rüberreichen, die in der Regel auch erfüllt werden – vorausgesetzt, man möchte nicht die Charts der 90er, 00er oder »von heute« hören. Bands, die immer gehen, sind Guns N' Roses, Led Zeppelin und natürlich die Stones. Eine typische Studentenbude ist das *Tscharlie* genau deswegen nicht. Das Durchschnittsalter liegt so bei um die 40, und es werden nicht selten auch mal lokale Politikgrößen oder Journalisten der Tageszeitung hier am oder auf dem Tresen gesichtet.

Zum Publikumsmagnet fürs Partyvolk wird das *Tscharlie* allerdings zu später Stunde. Dann bildet sich eine kleine Menschenschlange vor dem Straßenverkauf der Kneipe. Hier werden nämlich auch des Nachts noch die hauseigenen Pizzen (unter zehn Euro) zubereitet – die leckere »Pizza Mexicana nach italienischer Art« zum Beispiel. Verzehrt werden kann sie sowohl draußen am Stehtisch als auch drinnen am Tresen. Für die Würzburger Innenstadt, deren Gastronomie nach Mitternacht recht ausgedünnt ist, ist das ein klares Alleinstellungsmerkmal! Und einmal im *Tscharlie* angekommen, sollte man bis zum Ladenschluss bleiben. Der ist offiziell um 2 Uhr, zögert sich aber mitunter auch ein bisschen länger hinaus …

Nachtwächter, Korngasse 16, 97070 Würzburg
Tel. 09 31/1 51 65, www.nachtwaechter.de
Mo–Do 20.00–1.00, Fr u. Sa 20.00–3.00
Sanderring: Linie 1, 3, 4, 5

71. Westerland in der Schweinebucht

Der *Nachtwächter*, kurz »Nachti«, ist seit 1974 eine Institution in Würzburg. Obwohl unweit der Kneipenmeile Sanderstraße gelegen, haben Ortsunkundige vermutlich Probleme, »Würzburgs älteste Studentenkneipe« in der verwinkelten Korngasse zu entdecken. Die Fenster der Bierkneipe sind aus Lärmschutzgründen verrammelt, keine Reklame macht darauf aufmerksam, was sich hinter der quietschenden Türe des alten Gebäudes befindet.

Wer jedoch in Würzburg studiert (oder studierte), kennt die Kultkneipe. Hierhin pilgerten schon die eigenen Eltern während des Studiums, manchmal trifft man sie auch immer noch dort. Denn das ist eine der Besonderheiten des *Nachtis*: Das Publikum ist herrlich gemischt, vom 18-jährigen Ersti bis zum 58-jährigen Stammgast gefällt es hier allen Altersklassen. Zum Partyvolk gehören Altrocker genauso wie Verbindungsstudenten und Junggesellen beim Abschied.

Wer auf hochpolierte Lounges und gepflegtes Ambiente steht, ist hier definitiv falsch. In aller Regel ist der *Nachtwächter* extrem voll. Dass man erst mal vor verschlossener Türe draußen warten muss, ist so ungewöhnlich nicht. Denn: Keiner will der Erste sein, und dann kommen alle gleichzeitig. Einmal drinnen geht's über die »Schleuse« in die urige Stehkneipe, deren Wände mit alten Werbe- und Emailleschildern verziert sind. In der Mitte: die verwinkelte Bar, die von jedem Platz im Lokal schnell erreichbar ist. Weniger gut erreichbar sind die Toiletten am Ende des Schlauchs – an gut besuchten Abenden gleicht der Weg dorthin schon mal einer kleinen Odyssee.

Es gibt auch ein paar Tische im *Nachti*, an denen aber selten Platz genommen wird. Eigentlich steht man, und zwar am besten in der »Schweinebucht« ganz hinten links. Und irgendwann tanzen alle auf den Bänken und grölen mit. Der DJ spielt Oldies, 90er-Hits, Neue Deutsche Welle oder auch mal das eine oder andere aktuelle Stückchen. Er nimmt sogar Musikwünsche entgegen – oder Getränkebestellungen. Ausgeschenkt wird *König Pilsener* im 0,3-Liter-Schwenker frisch vom Hahn gezapft (2,50 Euro). Beliebt ist auch die Silvaner-Weinschorle (2,50 Euro). Ein einzelnes Bier zu bestellen ist verpönt, nicht nur aus organisatorischen Gründen. Wer sich an die Bar gekämpft hat, ordert gleich für eine ganze Runde, was dazu führt, dass man gelegentlich von (noch) Unbekannten ein Bier in die Hand gedrückt bekommt. Ein *Nachti*-Abend endet gegen 3 Uhr mit *Wer hat an der Uhr gedreht* und einer Pizza im → *Tscharlie* (s. S. 174f.). Nicht mit der Kneipe zu verwechseln ist die Würzburger → *Nachtwächter-Führung* (s. S. 156f.).

Newcomer Contest Bayern in der Posthalle
Bahnhofplatz 2, 97070 Würzburg
Tel. 09 31/99 17 78 90, www.posthalle.de
Öffnungszeiten je nach Programm
Hauptbahnhof: alle Linien

72. Musik von nebenan

Wer hätte das gedacht: Die Formation von The Notwist, der Liedermacher Hans Söllner und der unter popkulturell gebildeten Genießern durchaus umstrittene Daniel Küblböck haben tatsächlich etwas gemeinsam. Die insgesamt fünf Musiker sind international erfolgreich, kommen aber ursprünglich allesamt aus Bayern! Denn die Musikszene im Süden von Deutschland ist nicht nur erstaunlich vielseitig, begabter Nachwuchs wird hier auch intensiv gesucht und gefördert.

Aktuell ist es unter anderem der jährliche *Newcomer Contest* von *Radio Gong*, der über mehrere regionale Vorentscheide am Ende einen bayerischen Sieger auf den Thron der Nachwuchsmusik setzt. Und – wie praktisch – das Finale findet jedes Jahr in der *Posthalle* direkt am Bahnhof statt. Dieses ehemalige Postsortierzentrum ist mit 3000 Quadratmetern und bis zu 2100 Besuchern pro Event heute eine der größten Locations der Stadt und hat sich seit seiner Neueröffnung im Jahr 2008 schon in vielen Segmenten zu einem beliebten Veranstaltungsort entwickelt. So steigen hier → Poetry- und Science-Slams (s. S. 144f.), → Indoor-Flohmärkte (s. S. 22f.), verschiedene Party-Reihen und sogar hin und wieder Galadinner. Ihre wahren Stärken spielt die *Posthalle* aber ohne Frage bei großen Musik-Acts aus. Bereits zu Gast waren unter anderem Samy Deluxe, Clueso oder Marteria.

Und die größte Abwechslung, die man hier an einem Abend auf der Bühne bekommen kann, bietet wahrscheinlich tatsächlich der *Newcomer Contest*. Denn unter den bayerischen Nachwuchskünstlern befinden sich Soul-Sängerinnen und Liedermacher ebenso wie Rapper und Heimat-Folkloristen im Stil einer LaBrassBanda. Das Publikum hat da die Qual der Wahl, wenn es darüber abstimmen soll, wer den Preis nach Hause trägt. Der letzte Gewinner vor Drucklegung dieses Buches war übrigens niemand Geringeres als Max Giesinger, der vorher bereits in *The Voice of Germany* aufgetreten ist und mit dem Fußball-EM-Hit *80 Millionen* Platz 2 der Deutschen Charts eingenommen hat. Ob er ein würdiger Nachfolger von Notwist, Söllner oder Küblböck werden wird?

Nikolaushof, Johannisweg 1/Spittelbergweg 1, 97082 Würzburg
Tel. 09 31/79 75 00, www.nikolaushof.com
Di–Fr 14.00–23.30, Sa u. So 12.00–23.30, Mo Ruhetag
Nachmittags Kaffee u. Kuchen, warme Küche bis 22.00
Löwenbrücke: Linie 3, 5 (ab dann zu Fuß)

Tipp: Einmal im Jahr feiern die innovativen FRANK & FREI Winzer ein Festival auf dem Nikolaushof – mit Frankenweinen, leckerem Essen, stimmungsvoller Musik und natürlich einzigartigem Blick auf Würzburg.

73. Sundowner mit Aussicht

Wer gepflegt essen gehen möchte, der kann getrost in der Innenstadt bleiben (z. B. im → *Stachel*, s. S. 74f.). Die vielen Stufen hoch zum *Nikolaushof* lohnen sich aber allemal, denn der Blick auf Würzburg ist vom restauranteigenen »See(bier)garten« einfach atemberaubend. An lauen Sommerabenden blickt man von der warm illuminierten Terrasse auf den glitzernden Main, der sich durch die Altstadt mit ihren roten Ziegeldächern schlängelt. Während sich die Menschen unten auf der Alten Mainbrücke drängen (→ *Brückenschoppen*, s. S. 164f.) kann man Sundowner wie Aperol Spritz (6,50 Euro) oder Hugo hier oben, abgeschieden vom Lärm der Stadt, genießen.

Oder wie wäre es mit einem »Nikolaushof Dry Spritz« bestehend aus Belsazar White, Tonic Water und Zitrone (7,50 Euro)? Während man an seinem Gläschen nippt, ist die Versuchung groß, mal wieder die Kirchtürme der Stadt zu zählen. Weinliebhaber sollten einen Blick auf die Weinkarte mit über 180 Weinen aus Franken und zehn anderen Ländern werfen. Eine günstige und erfrischende Alternative ist die »Nikolausweinschorle« (3,80 Euro).

Übrigens: Neben dem Restaurant zählen auch eine Scheune, ein Pavillon, der Innenhof und das Seehaus zum *Nikolaushof* – alle Bereiche können für Veranstaltungen gemietet werden. Das Highlight ist jedoch der hübsch gestaltete Seegarten mit kleinem Teich und Steg – zum Füße-ins-Wasser-Halten.

Der *Nikolaushof* kann mit dem Auto erreicht werden, kostenlose Parkplätze stehen zur Verfügung. Viel schöner ist jedoch der »Pilgerweg«, ein terrassierter Stationsweg, der nahe der Löwenbrücke in der östlichen Nikolausstraße beginnt und bei der barocken Wallfahrtskirche Mariä Heimsuchung endet – besser bekannt als → »Würzburger Käppele« (s. S. 225). Von dort aus ist der *Nikolaushof* dann nur noch wenige Meter entfernt.

Profs Legen Auf im Zauberberg
Veitshöchheimer Str. 20, 97080 Würzburg
Einmal im Jahr 22.00–5.00, www.zauberberg.info
Tel. 09 31/3 29 26 80
Congresszentrum: Linie 2, 4

74. Profs am DJ-Pult

Wenn Professor Lenhard aus der Psychologie-Fakultät seinen Studierenden am Ende der Vorlesung noch die Folie mit den Terminankündigungen auflegt, dann erntet er Lacher: Denn zwischen Seminaren und Vorlesungen hat sich ein ganz besonderer Termin hineingeschlichen – *Profs Legen Auf* im *Zauberberg*. Für Wolfgang Lenhard ist das seit Jahren ein Pflichttermin, den er auch seinen Studis ans Herz legt, denn wann sonst haben diese schon die Möglichkeit, ihren Prof hinter dem DJ-Pult zu erleben?

Organisiert wird die Party vom Würzburger *Leo-Club*, der Jugendorganisation des *Lions Clubs International*. Schon seit 2012 laden »die Leos« jährlich zur Party mit den Profs – und das für einen guten Zweck. Die gesamten Einnahmen aus den Eintrittsgeldern (5 Euro Abendkasse/4 Euro VVK) werden gespendet, in der Vergangenheit zum Beispiel an die Klinik-Clowns oder den *Menschenskinder e. V.* Unter Anleitung eines professionellen DJs legen ab 23 Uhr fünf bis sieben Profs ihre Lieblingshits auf. Für die halbe Stunde, die ihnen zur Verfügung steht, wählen die meisten Titel aus den 70er- und 80ern – *It's a sin* von den Pet Shop Boys zum Beispiel, oder *We will rock you* von Queen. Doch immer wieder überraschen die Dozenten auch mit Musik, die man ihnen nicht zugetraut hätte. So legte eine Chemie-Professorin einmal den ganzen Abend Heavy Metal auf, ein Jura-Professor entschied sich für Elektro-Klänge.

»Wir hatten auch schon den Fall, dass jemand ein nicht ganz massentaugliches Genre spielte«, erinnert sich Nicolas Scheuplein, einer der Organisatoren. Doch solange es bei zwei bis drei »abgefahrenen« Songs bleibt, findet das Publikum das äußerst unterhaltsam. Vor allem bei den jüngeren Semestern findet *Profs Legen Auf* begeisterten Anklang. Sie genießen es, einmal nicht im Auditorium vor den Profs zu sitzen, sondern bei guter Musik und vollem Einsatz der Dozenten auf der Tanzfläche zu feiern. In Zeiten von Massenvorlesungen rücken die Lehrenden auf diese Weise ein Stück näher an ihre Studierenden ran.

Till Eulenspiegel, Bierkeller, Sanderstr. 1a, 97070 Würzburg
Mo–Sa 19.00–2.00, www.hotel-till-eulenspiegel.de
Tel. 09 31/35 81 30 55
Neubaustraße: Linie 1, 3, 4, 5

Tipp: Im Eulenspiegel kann das Bierdiplom erworben werden, zum Beispiel beim jährlich stattfindenden »Würzburger Bier Campus«: Dafür muss innerhalb von neun Stunden (zwischen 17 und 2 Uhr) in zehn der teilnehmenden Kneipen jeweils ein Bier getrunken werden.

75. Kultiger (Karaoke)-Keller

Es gibt wohl nur wenige Gestalten der Volksliteratur, die Generationen von Menschen so faszinierten wie Till Eulenspiegel. Der Hofnarr war angeblich nicht nur Witzbold und Spaßmacher, sondern auch ein weiser Mann: Seinen Zeitgenossen hielt er stets einen Spiegel vor, damit sie sich zuerst selber erkannten, bevor sie andere Narren nannten.

Auch auf dem Wirtshausschild des Hotels *Till Eulenspiegel* ist der Hofnarr mit einem solchen in der Hand abgebildet. Ob es nach dem Besuch des hauseigenen Bierkellers allerdings noch so ratsam ist, in den Spiegel zu blicken, bleibt fraglich. »Sich selbst nicht so ernst nehmen« scheint hingegen die Devise des *Eulenspiegel*-Teams rund um Geschäftsführer Johannes Schwab zu sein. Das lädt schon mal zur *Disney-Party* – Begründung: weil wir es können.

Ein Klassiker ist auch der Karaokeabend jeden Dienstag, und das schon seit über zehn Jahren. Der Unterhaltungsfaktor ist groß, auch wenn man selbst nicht mitmacht. Doch nicht nur der Karaoke-Dienstag – der ganze Bierkeller ist Kult. Schon die wild begrünte Außenfassade und die Wandmalerei mit – natürlich – Eulenspiegel-Motiv stechen hervor in Würzburgs Partymeile Sanderstraße. Im Bierkeller stehen die von Kerzenlicht beleuchteten Tische in verwinkelten Ecklein, manch lauschige Nische entdeckt man erst beim zweiten oder dritten Besuch und nimmt sich dann fest vor, mal mit einem Date hierherzukommen. Alles ist aus Holz gefertigt: die eingebauten Sitzecken, die Tische, Stühle und die wunderbare Bar, von der man übrigens die beste Sicht hat – vor allem beim Karaokeabend sehr praktisch.

Mit 18 Zapfhähnen zählt die 5,45 Meter lange Theke wohl die meisten Fassbierhähne in Würzburg. Im Angebot hat der *Till* vor allem regionale und ausgefallene Biersorten – insgesamt mehr als 40 Varianten. Was man hier nicht findet: ein *Becks*. Dafür aber Klassiker wie *Astra, Kölsch, Abbelwoi, Tegernseer Hell* (3,70 Euro) oder das Bamberger Rauchbier *Schlenkerla*. Dazu Saison-Biere wie *Skt. Martinus MaiBock*. Und auch *Tills* berühmte Altbierbowle mit gemischten Früchten und dunklem Kellerbier (4,20 Euro) findet viele Fans, nicht nur, wie manch einer vielleicht annehmen möchte, unter den weiblichen Besuchern. Wer zum Bier gerne noch etwas isst, sollte die »Blauen Zipfel« (8,50 Euro) probieren. Auch der angemachte Camembert und das Käsefondue schmecken hier hervorragend. Übrigens: Über dem Bierkeller befindet sich eine – nicht weniger urige – Weinstube, in der fränkische Weine ausgeschenkt werden.

Waldschänke Dornheim, Talaveraplatz 4a, 97082 Würzburg
Tel. 09 31/46 77 99 33, www.waldschaenke-dornheim.de
Öffnungszeiten nach Programm
Talavera: Linie 4

76. Volle Gönnung im Schlösschen

Einen Eindruck vom Flair einer Location erhaschen kann man vielleicht am besten, wenn man die Stammgäste zu Wort kommen lässt. Dafür, dass es die *Waldschänke Dornheim* erst seit Mitte 2016 gibt, ist die Facebook-Seite schon voll des Lobes: »Ein flippiges Idyll mitten im Herzen der Stadt«, schreibt da ein User. »Die volle Gönnung!« ein anderer. Und ein dritter Besucher findet: »Is wie Alice im Wunderland trifft Pulp Fiction!«

Tatsächlich haben sich die neuen Betreiber des ehemaligen Talavera-Schlösschens ordentlich ins Zeug gelegt, um ihr Domizil partytauglich auszustatten. Anders als *Airport*, *Bombe* oder das *Capitol* im Mainfrankenpark ist das *Dornheim* aber alles andere als durchgestylt. Im Gegenteil: Die barocken Bilderrahmen, flauschigen Teppiche oder künstlichen Blumenranken wirken eher verspielt. In jeder Ecke gibt es Neues zu entdecken, vage erinnert das Ambiente an Festivals wie das *FUSION*, allerdings mit einem Hauch Glamour. Denn, das darf man nicht vergessen: Historisch gesehen ist das Gebäude ein Gartenschlösschen, das im 18. Jahrhundert von einer Adelsfamilie vor den damaligen Toren der Stadt errichtet worden ist.

Nicht nur ästhetisch, auch musikalisch betritt das *Dornheim* für Würzburger Verhältnisse neue Pfade. Befreundete Gruppen wie die *Sleepers Crew* oder die *Bachstelzen* bringen feinsten Elektro, vor allem aus Berliner Clubs, hierher. Auf der Veranstaltungsreihe *Sonne-Gruen* wird Rap mit garantierter Street Credibility aufgelegt, und an warmen Sommerabenden kann zu handgemachten Jazz-Klängen mit den Köpfen genickt werden.

Vom einstigen Grün, das dieses Gebäude mal umschlossen haben muss, zeugt heute noch ein ausladender → *Biergarten* (s. S. 229), der liebevoll-verspielt mit Lichtergirlanden und selbst gebastelter Deko bestückt ist. Hier kann man im Sommer den frühen Abend bei einem kühlen Hellen beginnen, während drinnen noch Aufbauarbeiten der Künstler vonstattengehen. Denn klar ist: Wie es sich für einen echten Club gehört, steigt die richtige Party erst weit nach Mitternacht. Wem es zum Vorglühen im Biergarten zu kalt ist, der sollte sich im → *Nähcafé Edeltraud* (s. S. 212f.) verabreden. Das ist fußläufig nah am *Dornheim*, und meist zieht nach Ladenschluss sowieso die halbe Belegschaft weiter gen Talavera.

Die Bäcks

»Ein Croissant und einen Soja Latte bitte!« Wer so was bei einem Würzburger Bäcker bestellt, wird generell erst mal schief angeschaut. Wird diese Bestellung aber in einem der noch verbliebenen traditionellen »Bäcks« zum Besten gegeben, schlägt einem wahrscheinlich sogar lautes Gelächter entgegen. Und das liegt dann nicht einmal an der mangelhaften fränkischen Artikulation, sondern daran, dass es in einem Bäck gar keine Backwaren gibt. (Stattdessen fließt »Brot« hier, wenn überhaupt, nur in seiner flüssigen Form durch die Kehlen: als Helles nämlich.)

Diese Tradition reicht über Jahrhunderte zurück, einen besonderen Aufschwung erhielt sie zu Zeiten des alten Napoleon. Als der Anfang des 19. Jahrhunderts den Würzburger Winzern die finanzielle Lebensgrundlage entzog, witterten die Bäcker, die das Recht zum Weinverkauf erhielten, ihre Chance auf einen Zweitjob. Heute würde ihr per Hand in kleinsten privaten Rebanlagen angebauter Wein glatt als »handcraftet« durchgehen, doch damals war er einfach nur ein nötiger Zuverdienst, der in den eigenen Weinstuben gesichert werden konnte.

Die Bäcks haben sich, als noch nicht an Social Media zu denken war, schnell zu einem Kommunikationszentrum für die ganze Nachbarschaft entwickelt. Bis heute erinnern alte Zinnteller oder Wappen von Studentenverbindungen an die Generationen der Zecher, die hier Klatsch und Tratsch ausgetauscht haben. Auch die Inneneinrichtung der Bäcks ist, trotz aller Renovierungen, urig und gemütlich geblieben, das Bild wird geprägt durch schweres Holz und alte Massivtheken.

Kulinarisch allerdings haben die Bäcks mittlerweile aufgerüstet: Statt Backwaren wird hier so ziemlich alles serviert, was man zu einem zünftigen Schoppen braucht: Essiggurken und Graubrot, Blaue Zipfel und Hendl, Rahmgeschnetzeltes und Schweinshaxn. Doch das eigene Vesper darf man übrigens in die meisten Locations bis heute selbst mitbringen. Was man dann zu seinem Schoppen isst, bleibt einem selbst überlassen – ein Croissant, ein Leberkasweck oder sogar einen Döner.

Johanniterbäck · Maulaffenbäck · Sandertorbäck · Sophienbäck · Steinbachtalbäck
Benediktinerbäck · Mainbäck · Reurerbäck · Sternbäck

TOP 5 COCKTAILS

1 Chase Bar

In der stylischen Bar im American Style nahe der Partymeile Sanderstraße werden vermutlich die besten Cocktails in Würzburg zubereitet. Das geschulte Team kreiert sogar Drinks ganz nach den Wünschen der Gäste. · www.chase-bar.de

2 Enchilada

Der Mexikaner in der Karmelitenstraße liegt zentral in der Nähe der Mainpromenade. Wie wäre es also mit einem *Paloma Margerita* mit Tequila, Grapefruit-Limonade, Grand Marnier und Limettensaft als »Cocktail to go«? · www.enchilada.de

3 Joe's Cantina y Bar

Noch ein Mexikaner: In der gemütlichen Bar an der Juliuspromenade gibt's grandiose Rum-, Gin-, Wodka- und Whiskey-Cocktails, zum Beispiel den »Cup of Good Hope«, ein Gin basierter Drink mit frischem Limettensaft, schwarzem Tee, Apricot Brandy und Physalis. Erwähnenswert sind auch die selbst eingelegten Tequilas.·
www.joes-wuerzburg.de

4 Markt 7

Im gediegenen *Markt 7* werden bei chilliger Musik leckere, farbenfrohe Cocktails von den supernetten Barkeepern frisch zubereitet, zum Beispiel der »Singapore Sling« mit Gin, Cointreau, Cherry Heering, Dom Benedictine, Zitronensaft, Ananassaft, Grenadine und Angostura.
www.greifensteiner-hof.de/markt7

5 Zweiviertel

Im gemütlichen Großstadtambiente des *Zweiviertels* an der Ecke Hörleingasse/Neubaustraße wird neben dem klassischen Gin Tonic zum Beispiel ein Spicy-Ingwer-Mojito serviert. In Würzburg vermutlich die größte Absinth-Auswahl. · www.zweiviertel.de

WÜRZBURG ERLEBEN DER GEHEIMTIPP

Die User von *Würzburg erleben* haben gewählt, das ist ihr exklusiver Tipp:

Maritim Bar
www.maritim.de

Max Füller: »In der Maritim Bar, der Hotelbar des Maritim Hotels, gibt's einfach die trendigsten Cocktails, eine riesen Gin-Auswahl gepaart mit bestem Service unter der Leitung von Dominik Popp! Also definitiv immer einen Besuch wert!«

SPORT & FREIZEIT

Badeseen

Erlabrunner Badesee, 97250 Erlabrunn
Mai–Sep 8.30–21.30, Apr u. Okt 9.00–19.00, Nov u. März 9.00–16.00
Buslinie Erlabrunn/Badesee Nord: 520 ab Busbahnhof Würzburg

Naturbadeseeanlage Arnstein, 97450 Arnstein
Arnstein ZOB: 8114 ab Busbahnhof Würzburg

Tipp: Am Erlabrunner Badesee findet jährlich der Lifestyle Würzburg Triathlon statt. Geschwommen wird im größeren See, der Wechsel vom Radfahren zum Laufen befindet sich ebenso auf dem Gelände wie das Ziel.

77. Pack die Badehose ein!

Neben jeder Menge Enten und Gänsen tummeln sich vor allem Familien und Jugendliche am kleinen Sandstrand und auf der großen Liegewiese des Erlabrunner Badesees. Für Erstere wurde extra ein »Gänsehäufchenwegräumer« engagiert, der nur dafür zuständig ist, die Wiesen sauber zu halten. Der Erlabrunner See ist seit 1985 der Klassiker unter den Badeseen rund um Würzburg. Bei schönem Wetter nehmen bis zu 15000 Besucher den Kinderspielplatz, die Grillstellen, Volleyballfelder, Tischtennisplatten und den Kiosk in Anspruch. Der recht flache See samt Insel und dazugehöriger Seilbahn begeistert auch die Kleinsten.

Mit dem Auto benötigt man etwa eine Viertelstunde bis zum 19 Hektar großen Naherholungsgebiet, das eigentlich aus zwei Seen besteht. Spricht man vom »Erlabrunner Badesee«, dann meint man den größeren der beiden.

Wer im Sommer erst am Nachmittag kommt, ergattert nur mit etwas Glück noch einen Parkplatz. Alternativ bietet sich die Anreise mit dem Radl an, denn direkt am See vorbei führt der *Main-Radweg*. Wem hier zu viel Trubel ist, der schlendert lieber zum kleineren See rüber. Bei diesem ist der Seeeinstieg steiler und die Wasserpflanzenwelt reicher. Dementsprechend entspannter geht es zu. Oder man fährt gleich zum Arnsteiner See.

Dieser wunderschöne Naturbadesee liegt etwa 26 Kilometer von Würzburg entfernt, in idyllischer Umgebung direkt am Ortsrand von Arnstein. Er entstand im Zuge der Landesgartenschau 1997 und rangiert in der EU-Beurteilung der Wasserqualität seit einigen Jahren auf Platz eins. Auch hier kommen Nichtschwimmer auf ihre Kosten, denn der See ist an einigen Stellen sehr flach. Wer genug vom kühlen Nass hat, sucht sich ein Plätzchen auf der Liegewiese oder stärkt sich auf der Seeterrasse des Kiosks. Kinder können sich auf einer Spielwiese oder einem Naturspielplatz mit »Matschbereich« austoben. Im Hochsommer finden am Arnsteiner See Livemusik-Konzerte oder Open-Air-Kinonächte statt. Der Eintritt ist an beiden (bzw. allen drei) Seen frei.

Brennball auf den Mainwiesen
Mainwiesen, Viehmarktplatz, 97070 Würzburg
www.brennball.de/wuerzburg
Training: im Sommer So 15.00
Congress-Centrum: Linie 4

Tipp: Wenn es trotz Training bei der Deutschen Meisterschaft partout nicht zum Titel reichen sollte, kann man auf den Mainwiesen auch wunderbar joggen, Rad fahren oder skaten. (Tiefseetauchen kann man hier allerdings nicht: Obwohl der Bereich im Frühjahr und Herbst regelmäßig überflutet wird, steht das Wasser selten höher als ein paar Dutzend Zentimeter.)

78. Von null zum Bundesfinale

Schon mal in irgendeinem Sport in einem nationalen Finale mitgespielt? Wenn nicht, dann bietet Würzburg die Chance dazu – und zwar in dem womöglich noch durch den Schulsport bekannten Brennball! Diese Sportart ist vor allem in Schweden zu Hause, doch in Würzburg hat sie dank einiger damaliger Schülervertreter bereits in den 90ern eine feste neue Heimat gefunden. So kommt es, dass Jahr für Jahr im Sommer vom *Würzburger Schülerladen – Schülertreffpunkt e. V.* auf den Würzburger Mainwiesen eine Deutsche Meisterschaft ausgerichtet wird, und die ist offen für die Teilnahme von jedem und jeder, der oder die sein Brennballkönnen unter Beweis stellen möchte.

Wer nun mit dem Gedanken spielt, einmal ohne große Umwege auf dem nationalen Siegertreppchen zu landen, der tut gut daran, sich noch mal die Regeln aus der Schulzeit in Erinnerung zu rufen. Zwei Mannschaften spielen gegeneinander, auf dem Boden des Spielfeldes befindet sich ein Gefäß und einige Bodenmatten. Ein Spieler wirft einen Volleyball so weit er kann. Während die Mitglieder der gegnerischen Mannschaft versuchen, den Ball wieder einzufangen und in das Gefäß auf dem Spielfeld zu befördern, laufen der Werfer und seine Teammitglieder im Kreis um das Spielfeld und berühren dabei so viele auf dem Boden liegende Matten wie möglich. Wer keine einzige Matte erwischt, ist »verbrannt« und fliegt aus dem Spiel.

Alles klar? Dann auf zum Training! Denn die Mannschaft ist jederzeit offen für neue Teammitglieder. Jeden Sonntagnachmittag gibt es auf den Würzburger Mainwiesen einen offenen Brennball-Treff, bei dem die eigenen Wurf- und Lauftalente geschult und verbessert werden können. Kein Ort könnte dafür besser geeignet sein: Die Flussauen auf der Zellerauer Seite zwischen der Friedensbrücke und der Würzburger Stadtgrenze bestehen aus saftiger Grasfläche, und wenn hier nicht gerade das → *Africa Festival* (s. S. 96f.), das → *Umsonst & Draussen* (s. S. 118f.) oder die Mainfrankenmesse stattfindet, dann stört das Brennball-Training keine Menschenseele.

Flyeralarm Arena, Mittlerer Dallenbergweg 49, 97082 Würzburg
Öffnungszeiten je nach Programm
www.wuerzburger-kickers.de
Dallenbergbad: Linie 3, 5

79. Home of the Kickers

Selbst wer noch nie in Würzburg war, der dürfte von der Fußballmannschaft mit dem amerikanisch klingenden Namen gehört haben: Die *Würzburger Kickers*, nicht zu verwechseln übrigens mit den gleichnamigen Mannschaften aus Offenbach oder Stuttgart, gibt es bereits seit 1907. Im Laufe ihrer Geschichte bolzte die Mannschaft zwar lange Zeit in der Bedeutungslosigkeit vor sich hin. Zwischen 2001 und 2003 schafften es die Unglücksraben sogar, gleich zwei Mal abzusteigen und von der Landesliga Nord über die Bezirksoberliga bis ganz runter in die Bezirksliga Unterfranken Mitte zu sinken – und damit für die meisten Fußballfans gänzlich im Sumpf des Amateurfußballs zu verschwinden. Diese Vorgeschichte muss man kennen, um ansatzweise zu verstehen, was in der jüngeren Vergangenheit geschehen ist. Unter dem Slogan »3 x 3 – in drei Jahren in die 3. Liga« hatten die *Kickers* in den Jahren 2013 und 2014 eine Kampagne gestartet, um Sponsorengelder und neue fitte Nachwuchstalente anzuwerben. Ihr Ziel: binnen drei Jahren von der Bayernliga in die 3. Liga aufzusteigen. Und wer hätte das gedacht: Nach spektakulären Spielen – unter anderem gegen Wacker Burghausen und gegen den 1. FC Saarbrücken – konnten die Würzburger ihr Ziel tatsächlich erreichen – und zwar bereits im Jahr 2015, nach nur einer Saison!

Taumelnd vor so viel Glück entdeckten die Würzburger Fans den Lokalpatriotismus für sich. Nicht nur, dass die Vereinsbosse mit den neuen finanziellen Mitteln dringend notwendige Technik in ihr Stadion einbauen ließen – Flutlicht für abendliche Fernsehübertragungen beispielsweise. Nein, die Kickers wurden regelrecht verehrt: Zum Preis von 19,07 Euro (symbolisch für das Gründungsjahr des Vereins) wurden Unterstützer-Bocksbeutel feilgeboten, an den Zufahrten der Stadt hingen zeitweise Banner mit der Aufschrift »Würzburg: Home of the Kickers«. Peinlichkeiten konnten die Fans ihren Fußballgöttern schnell verzeihen, etwa als der Verein auf Klatschpappen überfürsorglich eine Anleitung für korrektes Anfeuern drucken ließ. Der ungebremste Kickers-Erfolg erlangte seinen Höhepunkt, als der Verein 2016 in die 2. Liga aufsteigen konnte. Hier allerdings sollte der Durchmarsch enden. In 17 Spielen waren nur sieben Unentschieden drin und kein einziger Sieg – der Abstieg folgte auf dem Fuße. 2017 ist der erfolgsverwöhnte Trainer Bernd Hollerbach zurückgetreten. Mit dem neuen Trainer Michael Schiele scheint sich das Blatt nun wieder zu wenden: Ein paar aufeinanderfolgende Siege im Spätherbst 2017 lassen Mannschaft und Fans erneut auf eine Glückssträhne hoffen.

Graf-Luckner-Weiher, 97074 Würzburg
Kantstraße: Buslinie 551 (oder zu Fuß von der Innenstadt immer entlang des Mains Richtung Randersacker, Gehzeit ca. 15–20 Min.)

80. Chillen am Weiher, Baden im Main

Der erste Platz auf dem Siegerpodest der sommerlichsten Städte Deutschlands ist heiß umstritten: Während Freiburg und die Insel Usedom immer mal wieder zu den sonnenreichsten Orten Deutschlands gekürt werden, hält Berlin im Jahresmittel den Hitzerekord – wahrscheinlich auch deshalb, weil sich in Metropolen Hitze einfach ballt. In der Region Würzburg wurde allerdings 2015 einmalig die bundesweit höchste jemals gemessene Temperatur verzeichnet: Mit knapp über 40 Grad trieb das unterfränkische Kitzingen das Quecksilber jedes Thermometers deutlich in die Höhe.

Bei solch einer Hitze sind dem Würzburger statistische Spitzfindigkeiten verständlicherweise einerlei. Abkühlung schafft entweder der Sprung ins kühle Nass oder zumindest das Relaxen an selbigem. Die Würzburger zieht es raus zum nahen Graf-Luckner-Weiher! Wer sich zum ersten Mal zum idyllischen Fleck südlich der Stadt aufmacht und einen stattlichen See erwartet, der wird gleichwohl enttäuscht sein: Ein Weiher ist schon per definitionem eher ein Tümpel als ein Ozean. Baden sollte man hier also nicht, auch deshalb, weil der Weiher 1980 von einem Modellsport-Verein angelegt wurde, dessen Mitglieder hier seitdem ihre Minimotorboote kreisen lassen. Die Würzburger mögen ihr kleines Fleckchen Wasser trotzdem: Immerhin gibt es hier eine öffentlich ausgewiesene Grillstelle, an der ein BBQ im Gegensatz zu den Uferstellen in der Innenstadt nicht streng verboten ist.

Baden gehen kann man außerdem ein paar Meter weiter, wo eine besonders flache Stelle des Ufers den Einstieg in den vorbeifließenden Main einfach gestaltet. Denn was viele Würzburger selbst nicht wissen: Der Main hat durchaus Badequalität! Nur gestaltet sich in den Innenstadtbereichen der Zugang recht schwierig, und auch das Regelwerk ist hoch kompliziert: 100 Meter Abstand muss jeder Schwimmer von Schleusenanlagen und Brücken halten, 300 Meter Abstand vor und 30 Meter Abstand neben jedem Schiff sind einzuhalten, und um Schiffanlegestellen gilt ein Radius von 50 Metern Schwimmverbotszone. Wem angesichts dieser Vorschriften die Lust auf Baden im Main komplett vergangen ist, der weicht zum → *Erlabrunner Badesee* oder *Arnsteiner See* (s. S. 194f.) aus. Alle anderen sind mit der Badestelle am Weiher gut beraten. Auf Nummer sicher kann man gehen, wenn man zum Schwimmen einen Zollstock mitnimmt. Oder wenn man im Falle eines Falles einfach mit Vergesslichkeit argumentiert: 30 Meter oder 300 Meter? Bei über 40 Grad kann man schon mal ein paar Zahlen durcheinanderwirbeln.

Joggen im Ringpark
Start: Sanderring, 97070 Würzburg
Sanderring: Linie 1, 3, 4, 5
Ende: Bahnhofplatz, 97070 Würzburg
Hauptbahnhof: Linie 1, 2, 3, 5

Tipp: Wer die eigenen Leistungsgrenzen erfahren will, sollte unbedingt beim Würzburger Residenzlauf teilnehmen. Der findet in der Regel im April statt und ist bei Würzburgern und Leuten aus dem fränkischen Umland gleichermaßen beliebt. Die größte Breitensport-Veranstaltung des Bezirks verläuft einmal um die Residenz, ist offen für Läufer aller Altersklassen mit und ohne Handicap.

81. Stadtgeschichte zum Ablaufen

Was gibt es Schöneres, um eine neue Umgebung zu erkunden, als zu joggen? Man ist an der frischen Luft, sieht viel von der Umgebung und tut gleichzeitig auch noch was für die eigene Fitness. Dumm nur, dass man sich in den meisten Städten die Jogging-Route erst mühsam zusammensuchen muss: Statt kilometerweit über Laufpfade führt der erste Versuch dann oft leider über befahrene Straßen und durch Fußgängerzonen.

Nicht so in Würzburg! Hier umschließt der Ringpark die Altstadt wie ein grüner Gürtel. Über drei Kilometer führt der Park vom Stadtviertel Sanderau am angrenzenden Frauenland vorbei bis zum Bahnhof. Auf der Joggingroute gibt es allerhand zu entdecken: Als artenreichster Park Deutschlands beherbergt der Ringpark über 300 verschiedene Gehölzarten, die nicht nur aus der Region, sondern teilweise auch aus China und Nordamerika stammen. Wer beim Joggen gerne Pausen macht, findet an den besonders exotischen Baum- und Pflanzensorten Hinweisschilder mit der deutschen sowie lateinischen Bezeichnung. Darüber hinaus kann man sich die Würzburger Stadtgeschichte buchstäblich erlaufen: Alle paar Hundert Meter finden sich historische Brunnen oder Denkmäler. Auf Höhe der Residenz lohnt es, einen Umweg einzuplanen. Wenn man ein bisschen von der Route abweicht, landet man nämlich im Garten der Residenz und kann dort eine Ehrenrunde um die Befestigungsmauern drehen. Der Teilabschnitt des Ringparks zwischen der ehemaligen Wallmauer und dem Friedrich-Ebert-Ring wird übrigens »Klein-Nizza« genannt. Der von Engelbert Sturm um 1900 angelegte Bereich zeichnet sich durch seine abwechslungsreiche Gestaltung mit einem Teich samt Entenhäuschen sowie farbenprächtigen Blumengruppen aus.

Sich verlaufen ist im Ringpark faktisch unmöglich. Ständig sind Übersichtskarten am Wegesrand angebracht, die anzeigen, wo genau auf dem Ring man sich befindet. Und wenn einem nach der ganzen Lauferei noch nicht die Puste ausgegangen ist, dann joggt man einfach vom Bahnhof am Mainufer dorthin zurück, wo man losgelaufen ist, und fängt wieder von vorne an. Das ist ja das Schöne an einem Ring: Man kann ihn so oft ablaufen, wie man möchte, und auf diese Weise ständig seinen eigenen Rekord brechen.

Kletterwald Einsiedel, Einsiedel 1, 97222 Rimpar
Tel. 01 79/7 67 77 72, www.kletterwald-einsiedel.net
Fr 13.00–19.00, Sa, So u. Fei 10.00–19.00, in den Ferien auch Mo–Fr 10.00–19.00
Rimpar-Einsiedel: Linie 8114

Tipp: Ebenfalls im Gramschatzer Wald, nicht weit vom Kletterwald entfernt, befindet sich das Waldhaus Einsiedel. Dieses beliebte Ausflugsziel bietet nicht nur einen urigen Biergarten, sondern auch das Walderlebniszentrum Gramschatzer Wald und den Walderlebnispfad SINNESWANDELN.

82. Hoch hinaus

Früher war alles besser. Da sind wir als Kinder raus in die Natur, haben uns mit Schlamm beworfen, sind auf Bäume geklettert und haben noch echte Schürfwunden mit nach Hause gebracht – und nicht nur eine Sehnenscheidenentzündung vom vielen Tippen. Aber mal ehrlich: Wann klettert man denn als Erwachsener noch auf Bäume und tobt sich in der Natur aus? Nicht mehr so oft, oder?

Ein Tagesausflug ins an Würzburg angrenzende Rimpar, genauer: in den Gramschatzer Forst, ist genau die richtige Gelegenheit, das zu ändern. Der Wald selbst ist aus dem Holz geschnitzt, aus dem sonst Räuberlegenden und Fabeln gehobelt werden: Rotbuchen, Feldahorne und Traubeneichen wachsen zu einem natürlichen Labyrinth zusammen, der Boden ist überwuchert von sattgrünem Moos, und wer den beschilderten Pfad verlässt und kein Google Maps hat, der ist schnell verloren. Dem findigen Wanderer aber offenbart sich schon bald der Eingang zu einem wahren Spielplatz für Erwachsene: dem *Kletterwald Einsiedel*! Auf eigene Faust oder mithilfe eines Coaches können hier alle erdenklichen Bäume erklommen und Hindernisse überwunden werden, die man sich als kleines Kind niemals hätte erträumen lassen.

Da wäre zum Beispiel eine Riesenleiter mit zwölf Metern Höhe, die es alleine oder im Team zu erklimmen gilt. Oder ein freistehender Baumstamm, an dem man sich mit Händen und Füßen emporhangeln kann, nur um direkt danach aus acht Metern Höhe im freien Fall wieder nach unten zu springen – das Ganze natürlich professionell gesichert, versteht sich. Oder ein Abseilen aus schwindelerregenden 27 Metern Höhe. Klettergurte und Zubehör werden am Eingangsbereich verliehen, gute »Arbeitshandschuhe« können für zwei Euro käuflich erworben werden.

Der Eintritt in den Kletterwald kostet für eine erwachsene Person 19 Euro (Studierenden-Sonderpreis 16 Euro). In der Gruppe macht es bekanntlich noch mal mehr Spaß, und so können auch Teamevents mit unterschiedlichen Schwierigkeitsgraden gebucht werden. Die dreistündige Tour »Niedrigelemente« mit Trainer schlägt beispielsweise mit 35 Euro zu Buche, die »Höhenelemente«-Tour für Fortgeschrittene dauert vier Stunden und kostet pro Teammitglied 39 Euro.

Mainkai, 97070 Würzburg
Rathaus: Linie 1, 2, 3, 5

83. Würzburgs Draußen-Laufsteg

Rund 20 Biergärten gibt es in Würzburg und der direkten Umgebung, doch der schönste Biergarten der Stadt ist gar kein offizieller: der Mainkai. Die Sommermonate über eignet sich die Würzburger Bevölkerung die Uferpromenade zwischen dem Alten Rathaus und dem Inneren Graben einfach an, und zwar mitsamt Kaimauer. Weil die an den meisten Stellen oben flach ist, kann man darauf problemlos einen Schoppen, eine Bierflasche oder sogar ein ganzes Picknick abstellen, ein Bein oder auch beide in Richtung Wasseroberfläche baumeln lassen und bei schönstem Blick auf die Festung eine gute Zeit erleben.

Wer Mainkai-Urlauber werden will, muss ein paar Dinge beachten: Günstige Lebensmittelversorgung ist in unmittelbarer Nähe nicht zu haben. Am besten, man holt sich von einem Supermarkt in der Innenstadt einen ausgiebigen Vorrat an Getränken und Snacks, um ein paar Stunden durchhalten zu können.

Wer sich etwas mehr Stil wünscht, kann eine der vielen fußläufig erreichbaren Kneipen, Bars und Restaurants ansteuern, die ihr Essen »to go« anbieten. Da wären zum Beispiel das → *Burgerheart* (s. S. 46f.), das → *Fred* (s. S. 48f.) oder das → *Sir Quickly* (s. S. 76f.), und im → *Enchilada* (s. S. 191), nur ein paar Meter entfernt, gibt es sogar Cocktails to go. Schneller geht es natürlich, sich sein Bier, seinen Flammkuchen oder sein Schnitzel einfach oben im Biergarten → *Zum Alten Kranen* (s. S. 229) zu ordern und runter auf die Kaimauer zu tragen.

Eigentlich muss man nicht erwähnen, dass die Promenade auch als Laufsteg genutzt wird. Trotzdem oder gerade deswegen gilt: Erlaubt ist, was gefällt. Das Publikum am Kai liest Bücher, hält ein Schwätzchen, spielt Gitarre und singt dazu, jongliert oder liegt einfach nur in der Sonne. Grillen ist allerdings verboten. Ach ja, es hat sich so eingebürgert, dass die jungen Leute wirklich *vorne* auf der Kaimauer sitzen! Die Bänke weiter hinten sollte man für Senioren freihalten. Die haben eine Rückenlehne, und man kann dementsprechend nicht ins Wasser fallen.

Mainschleife Nordheim
Rathaus Volkach: Tel. 0 93 81/4 01 12, www.volkach.de
Der Mainschleifen-Shuttle verbindet die Weinorte rund um die Mainschleife.

Tipp: Bei einer Wanderung auf der Denkmal-Route erfährt man via QR-Code und Smartphone an der gesamten Mainschleife Wissenswertes zu den Örtlichkeiten, z. B. zur Wallfahrtskirche »Maria im Weingarten« mit der Riemenschneider-Madonna. www.denkmalroute.de

84. Insel-Feeling in Weinfranken

Nordheim liegt auf einer Trauminsel. Wie es sich für eine richtige Insel gehört, verfügt der Ort über reichlich Sonnenschein, blauen Himmel und herrliche Badebuchten. Nur Palmen gibt es nicht. Dafür aber jede Menge Weinstöcke.

Zur Insel wurde Nordheim 1957, als der künstlich angelegte verbindende Mainkanal zwischen Volkach und Gerlachshausen den Betrieb aufnahm. Dieser schnitt die natürliche »Mainschleife« ab und machte das Gebiet zwischen Altmain und Kanal so zu einer Insel, einer Weininsel eben. Denn Nordheim ist die größte weinbaubetreibende Gemeinde Frankens. Die Weininsel ist über zwei Brücken oder eine Fähre zu erreichen. Weit entfernt von Hektik und Großstadtlärm reiht sich in Nordheim ein Weingut an das andere.

Die Winzer waren es schließlich auch, die das Insel-Feeling in den Weinort brachten. Der Nordheimer Inselstrand lockt schon von Weitem mit seinen Strandkörben und dem feinen Sand, den sie extra ankarren ließen. Nicht ganz ohne Hintergedanken natürlich. Denn was passt perfekt zu einem gemütlichen Strandkorb und der warmen Abendsonne? Natürlich – ein Bocksbeutel, den man sich samt Gläsern bei einem der Winzer besorgen kann. Beim Blick auf die Weinberge, die Vogelsburg und den Main schmecken die preisgekrönten Silvaner gleich noch mal besser. An das gleichmäßige Tuckern der Mainfähre, die rüber nach Escherndorf fährt, gewöhnt man sich schnell. Genauso wie an den Singsang der unzähligen Vogelvölker hier im Landschaftsschutzgebiet.

Immer wieder kommen Schlauchboot- und Kanufahrer vorbei. Denn die Mainschleife ist auch für ungeübte Kanuten geeignet. Motorboote dürfen hier nicht schneller als acht Kilometer in der Stunde fahren. Und die zahlreichen »Gelben Wellen« entlang der Mainschleife erleichtern das Ein- und Aussteigen aus den Booten. Sogar schwimmen kann man im flachen Altmain: Wer sich aus seinem gemütlichen Strandkorb erhebt und ein paar Meter läuft, kommt zu einer idyllischen Badebucht mit Sandstrand.

Warum verlässt der Main eigentlich an dieser Stelle seine vorher geradlinige Laufrichtung? Die Einheimischen haben dafür eine einfache Erklärung: »Weil der Fluss sich hier am wohlsten fühlt.«

Mitradgelegenheit zum Hubland
Campus Hubland-Süd: Linie 7, 114
Hubland-Mensa: 10, 34, 214

85. Zusammen radeln statt allein

Wer einen authentischen Einblick in die Studentenszene am Hubland erhaschen will, hat die Qual der Wahl zwischen den stets überfüllten Bussen der Linien 7, 10, 114 und 214. Die lang ersehnte Straßenbahnlinie 6 gibt es leider immer noch nicht. Ursprünglich zur Landesgartenschau 2018 geplant, scheitert die Realisierung vor allem an Protesten der Anwohner, die sich vor zu viel Lärm fürchten.

Viel besser wäre es also, sich eine eigene *Mitradgelegenheit* zu organisieren. So heißt die umweltfreundliche Alternative zur bekannten motorisierten *Mitfahrgelegenheit* – und das Mitradeln ist die wohl sozialste Form des Fahrradfahrens.

Eine *Mitradgelegenheit* funktioniert so: Wer keine Lust hat, eine Fahrradstrecke alleine zurückzulegen, schließt sich einfach einem Schwarm von anderen Radfahrern an. In großen Städten funktioniert das über organisierte Social-Media-Events. In Würzburg gibt es noch keine organisierte Form davon, man muss sich seine *Mitradgelegenheit* also selber suchen.

Die beste Gelegenheit dafür bietet sich wahrscheinlich, wenn man andere Studenten dazu motiviert. Ein bislang eher kleiner Schwarm an studentischen Radfahrern, die wochentags hoch zum Hubland radeln, exsitiert bereits. Und die Strecke von der Innenstadt zum Hubland bietet so einiges! Die über zehn Prozent Steigung auf der Zeppelinstraße und am Galgenberg stellen eine Herausforderung dar, aber die Aufholjagden mit den stets überfüllten Bussen sind ein willkommener und zusätzlicher Ansporn. Beendet wird eine solche *Mitradgelegenheit* oben auf dem Hubland-Campus.

Gemeinsame Anstrengung schweißt buchstäblich zusammen, aber trotzdem kann man zumindest als Nicht-Student froh sein, in diesem Zustand nicht mit all den anderen in den Hörsaal verschwinden zu müssen. Stattdessen kann man die Zeit für den wunderbaren Ausblick über die Stadt nutzen. Hier oben am Hubland entsteht seit Jahren ein neuer Stadtteil, über den ein Spaziergang lohnt. Um wieder zu Kräften zu kommen, empfiehlt sich auch eine Stärkung in der Mensa oder in der gehobeneren *Frankenstuben*, beides Angebote des *Studentenwerks Würzburgs*. Wer rechtzeitig da ist, bekommt günstiges Essen ohne lange Wartezeiten, später stoßen dann auch die Studierenden hinzu, von denen man einige vielleicht bereits aus der Fahrradkolonne vom Sehen her kennt.

Ach ja: Um vom Hubland mit dem Rad wieder in die Innenstadt zu kommen, steht am Ende des Tages ein Downhill im Affenzahn bevor. Wohl dem, der vor der Abfahrt seine Bremsen noch mal nachzieht!

Nähcafé Edeltraud, Grabengasse 11, 97070 Würzburg
Tel. 09 31/71 05 37 10
Di–Sa 10.00–20.00, Do u. Sa Barbetrieb, So 12.00–18.00, Mo Ruhetag
Ulmer Hof Linie: 2, 4

86. Nähcafébarshop

Alleine zu Hause am Schreibtisch arbeiten wohl nur die wenigsten gerne. Deshalb zieht es so viele Studierende zum Lernen in die Unibibliothek, und deshalb feiern »Coworking-Spaces« so große Erfolge. Doch auch das Hobby macht in Gemeinschaft mehr Freude, dachten sich die Schneiderinnen Julia Schwedes und Sarah Mittermeier. 2013 gründeten sie darum das *Nähcafé Edeltraud* – eine Kombination aus Nähstube, Shop, Café und Bar.

Schon der Name »Edeltraud« erinnert an längst vergangene Tage ohne Smartphone und Facebook, Zeiten, in denen nicht immer alles so schnell gehen musste. Wer ins Nähcafé kommt, nimmt eine kleine Auszeit vom Alltag. Nähen entschleunigt schließlich, hat fast eine meditative Wirkung.

Der Werkstattbereich gleich hinter der Eingangstür wird von einem riesigen Tisch dominiert. Die einen schneiden hier Stoffe zu. Andere bügeln hinten in der Ecke oder nutzen eine der Profinähmaschinen (6,50 Euro/Stunde). Außerdem bieten die beiden Schneiderinnen Nähkurse für Anfänger und Fortgeschrittene sowie einen Änderungsservice an. An einem Verkaufsregal können sich Kreative mit Nähzubehör und Stoffen eindecken.

Ein Besuch im *Traudl*, wie das Nähcafé liebevoll genannt wird, lohnt sich in jedem Fall – auch wenn man nicht zu den Hobbyschneidern gehört. Denn wer den Werkstattbereich passiert hat, landet in einem schnuckelig eingerichteten Café. Die selbst gemachten Kuchen genießt man an alten Nähmaschinentischen. Mit dem Blick auf die ausgedienten *Singer*-Maschinen und dem leisen Rattern der Nähmaschinen im Hintergrund schmeckt der ohnehin schon sehr gute Kaffee gleich noch mal besser. Man fühlt sich hier wohl. Sicherlich liegt das auch an den beiden sympathischen Chefinnen, die den Laden gemeinsam mit ein paar Freunden komplett selbst gebaut haben.

Wem die Nähstube, der kleine Shop und das Café noch nicht genug sind, der sollte Freitag nach Ladenschluss wiederkommen. Ab 20 Uhr wird die *Edeltraud* dann nämlich zur *Edelbar*. »Wir tauschen Cappuccino gegen Cuba, *Stoffbar gegen Schnapsbar, Herzlichkeit gegen Hemmungslosigkeit*«, heißt es auf der Facebook-Seite. Doch nicht nur Cuba, auch ein paar leckere Frankenweine und das Hausnüssle kommen abends auf die Nähtische. Danach geht es häufig geschlossen weiter ins → *Dornheim* (s. S. 186f.).

Fazit: Die *Traudl* reiht sich perfekt ein in die Reihe der schicken neuen Läden, die Würzburg einen Hauch Metropolencharakter verleihen.

Schwarzlichtfabrik, Bahnhofplatz 2a, 97070 Würzburg
Tel. 09 31/46 53 69 87, www.schwarzlichtfabrik.de
Di–Do 14.00–20.00, Fr 14.00–23.00, Sa 11.00–23.00, So u. Fei 11.00–20.00
Hauptbahnhof: Linie 1, 2, 3, 5

87. Golfen mit speziellem Handicap

Psychodelische Erlebnisse kann man mit den entsprechenden Drogen sammeln. Mit viel Geld kann man sich auch eine der trendigen VR-Brillen kaufen und in bunte Fantasiewelten abtauchen. Oder man besucht die Würzburger *Schwarzlichtfabrik*. Das Team rund um Fabian Baumgärtner hat hier eine dreidimensionale, begeh- und bespielbare Wunderwelt erschaffen, deren wahre Wunder sich erst mit einer speziellen Brille erblicken lassen. Dann nämlich treten Kunstwerke, die mit spezieller Farbe auf die Wände und den Boden gemalt und mit Schwarzlicht bestrahlt werden, dreidimensional in den Raum hinein.

Das Highlight der *Schwarzlichtfabrik* ist dabei definitiv die Minigolfanlage. Auf 18 Bahnen werden die Golfbälle durch psychedelisch wirkende Algen-Attrappen und fluoreszierende Drachenmäuler geschubst. Erschwert wird der Sport dabei dadurch, dass die Sinne wegen eben jener Schwarzlichtmalereien ganz schön verwirrt werden: Steht man da grade wirklich auf einem zugefrorenen Teich und muss den Ball in ein Loch fünf Meter in der Tiefe bugsieren? Oder ist das alles nur eine Fata Morgana?

Wem nach dem Golfen noch nicht schwindlig ist, der setzt seinen Aufenthalt in der *Schwarzlichtfabrik* mit einer Partie Pit Pat fort. Bei dieser Kreuzung aus Golf und Billard ist das Kunststück, den Ball »in drei Dimensionen einzulochen«: Mal wird man durch eine Mauer vom Loch getrennt, mal gilt es den Ball statt in einem Loch im Basketballkorb zu versenken. Weniger sportliches Geschick, dafür aber mehr Grips muss man im Missionroom unter Beweis stellen: Der funktioniert wie ein klassisches Escape-Game. Man hat eine Stunde Zeit, um Puzzles zu knacken, Rätsel zu lösen und am Ende eine geheime Formel zu finden. Die Aufgaben sind dabei inspiriert von klassischen Point-and-Click-Adventures aus Computerspielen der 90er-Jahre.

Wie gut, dass man am Ende des Tages bei einem Kaltgetränk an der Bar runterkommen kann. Im Kreativraum bieten die Gründer der *Schwarzlichtfabrik* die Möglichkeit, als Erinnerung ein psychedelisches Kunstwerk auf einen alten Pizzakarton zu malen. Damit könnte man zu Hause das eigene Zimmer in eine private Mini-Schwarzlichtfabrik verwandeln. Aber nicht wundern, wenn das zu komischen Träumen führt.

Stein-Wein-Pfad
Eingangspavillon beim Weingut am Stein, Mittlerer Steinbergweg 5
Tel. 09 31/2 58 08, www.weingut-am-stein.de
Hauptbahnhof: alle Linien
Parkplätze sind am Weingut am Stein und am Schlosshotel vorhanden.

Tipp: Wer sich gerne führen lässt – von Mai bis Oktober finden jeden Samstag um 15.00 Weinpfad-Führungen statt (8 Euro inkl. einem Stein-Wein). Treffpunkt ist der Info-Pavillon.

88. Goethes Lieblingswein

Die Sonne scheint warm auf den Rücken. Es duftet fruchtig und erdig. Soweit das Auge reicht, erstrecken sich Weinreben, dazwischen wachsen Rosenbüsche, Mandel- und Pfirsichbäumchen. Man könnte glauben, man sei irgendwo in Italien. Dabei ist der »magische Ort« ganz einfach fußläufig in etwa zehn Minuten vom Würzburger Hauptbahnhof aus zu erreichen. Der *Stein-Wein-Pfad* ist ein Panoramaweg über den Dächern der Stadt. Die weite Sicht über eben diese und das Maintal, der Ausblick auf die gegenüberliegende Festung Marienberg und das Käppele sind bemerkenswert.

Doch nicht nur das: Man wandelt mitten durch eine der besten Weinlagen der Welt. Der »Würzburger Stein« auf dem Steinberg ist mit einer Rebfläche von 83 Hektar nicht nur die größte zusammenhängende Weinlage Deutschlands, sondern auch das Aushängeschild der fränkischen Weinproduktion. Spaziert man entlang der Reben, fallen auf den Beschilderungen vor allem die drei Traditionsweingüter *Bürgerspital*, *Juliusspital* und *Staatlicher Hofkeller* auf, denen heute ein Großteil der Rebfläche gehört. Die Stein-Weine brachten schon Johann Wolfgang von Goethe ins Schwärmen. In einem Brief an seine Frau Christiane schrieb er: »Kein anderer Wein will mir schmecken und ich bin verdrießlich, wenn mir mein Lieblingsgetränk abgeht.« Heinrich von Kleist und Kurt Tucholsky sagte man ebenfalls eine Vorliebe für diesen Wein nach.

Der *Stein-Wein-Pfad* ist eine vier Kilometer lange Weinstraße, die wie eine liegende Acht geformt ist. Der Rundweg umfasst eine östliche Schleife mit drei Kilometern Länge und eine westliche Schleife von etwa einem Kilometer Länge. Die östliche Wanderschleife führt über Treppen, vorbei am *Weingut am Stein*, dem *Schlosshotel Steinburg* und dem Bismarckturm. Die *Steinburg* ist mit ihrer tollen Terrasse ein nettes Plätzchen für einen Kaffee. Auch der Winzer-Traubensaft aus eigener Herstellung ist empfehlenswert. Die westliche Route führt auf einer ebenen Strecke entlang dem Bismarckwäldchen. Der Pfad lädt zu jeder Jahreszeit zu entspannten Wanderungen ein, besonders traumhaft ist er jedoch im Herbst. Von den Würzburgern wird er auch gerne als Laufstrecke genutzt.

Wer nicht nur wandern, sondern sich nebenbei auch etwas bilden möchte, der kann die 24 Informationsstelen rund um den Stein-Wein entlang der Route studieren.

WakeRace, sternla.wakerace.com
Tagesevent an einem So im Juli zwischen Löwenbrücke u. Sebastian-Kneipp-Steg
Rathaus: Linie 1, 3, 4, 5; Sanderring: Linie 1, 3, 4, 5
Arndtstraße: Linie 1, 5; Ruderzentrum: Linie 3, 5

89. Wellenreiten auf dem Main

Dass in Würzburg seit 2014 tollkühne Wassersportler auf schnieken Brettern waghalsige Stunts vorführen, liegt sicher nicht daran, dass der Main für seine Wellen von Natur aus bekannt wäre. Der Sport, der die Stadt binnen weniger Jahre ins Zentrum der internationalen Wellenreitszene gebracht hat, heißt dementsprechend »Wakeboarding«. In Würzburg findet regelmäßig einer der weltweit größten Wettbewerbe statt. Wellen produzieren die Sportler dabei einfach selbst. Wie beim Wasserski reiten die Surfer nämlich auf denen, die von dem sie ziehenden Motorboot künstlich aufgewirbelt werden, haben dabei aber nur ein einzelnes Brett unter den Füßen – Wasser-Snowboarding sozusagen.

Aus der Taufe gehoben wurde das Event als Werbeplattform für die Biermarke *Sternla*, und obwohl es noch so jung ist, verzeichnet es bereits mehr als 10 000 Zuschauer. Das liegt sicher auch am Rahmenprogramm. Um das eigentliche Rennen herum, bei dem rund ein Dutzend Sportler – auf zwei mal 400 Metern Rennfläche – Zeit- und Stuntrekorde jagen, verwandelt sich der gesamte Zuschauerbereich zwischen Löwenbrücke und Sebastian-Kneipp-Steg in einen poppigen Sommermärchenort. Gutes Wetter vorausgesetzt, hat man hier die Möglichkeit, an Bungee-Jumping-Stationen senkrecht Richtung Mainoberfläche zu sausen, die mainfränkischen Schönheitsköniginnen auf einer Bademodenschau zu bewundern oder, weniger spektakulär, einfach an jeder Ecke einen karibischen Sommercocktail zu schlürfen.

Die lokale *Main-Post* bezeichnet das, was beim *WakeRace* passiert, als »Volksfest am Main«. Doch wer dem *WakeRace* deshalb seine sportliche Ernsthaftigkeit absprechen will, der liegt falsch. Unter den Teilnehmern befanden sich zuletzt jeweils der aktuell amtierende Deutsche Meister, der Deutsche Jugendmeister, der Österreichische sowie der Schweizer Staatsmeister. Aufgezeichnet wird die Veranstaltung mittlerweile von einem ganzen Heer an Videodrohnen, für das der Veranstalter sogar einen eigenen Luftraumkoordinator beschäftigt, damit sich die Fluggeräte nicht gegenseitig in die Quere kommen.

Wer es nicht beim Zugucken belassen will, der kann sich auch selbst mal im Wakeboarding ausprobieren. Zwar nicht direkt auf großer Bühne beim *WakeRace*, aber vielleicht ja erst mal im Schnupperkurs beim *Wasserski-Club Würzburg*. Und auch hier gilt: Don't drink and drive! Das verdiente *Sternla* wird erst geöffnet, wenn man vom Board wieder unten ist.

Walderlebnispfad
Tel. 0 93 60/9 93 98 01, www.aelf-wu.bayern.de/forstwirtschaft/072407
Zwischen Reichenberg und Kist, durchgehend geöffnet
Reichenberg/Forsthaus Guttenberg: Linie 311

90. Dem Wald ins Gesicht geschaut

Während viele den Namen »Guttenberg« unmittelbar mit den Verfehlungen Karl Theodors, des wohl bekanntesten Sprösslings des fränkischen Adelshauses, in Verbindung bringen und gleich an Plagiarismus denken, kann im Guttenberger Forst ganz profan und mit den eigenen Händen allerlei Wissen über mainfränkische Flora und Fauna erworben werden. An der Ruine der guttenberg'schen Burg, deren Bau tatsächlich von einem Ur-Ur-Urahn des Karl-Theodors in Auftrag gegeben wurde, schlängelt sich nämlich ein etwa zwei Kilometer langer Pfad zwischen Reichenberg und Kist durchs Unterholz, der vor allem Kindern dabei helfen soll, »learning by doing« zu verstehen, was in so einem Wald alles vor sich geht.

So können auf einem Waldxylophon die verschiedenen Töne, die Holz hergibt, zu einer mehr oder minder klangvollen Melodie kombiniert werden. Im Horchbaum erlebt man die Geräusche des vorbeifließenden Baches um ein Vielfaches lauter und detaillierter. Und allerlei Liegen und Sitzgelegenheiten laden zum Meditieren ein. Außerdem gibt es seit einigen Jahren einen 17 Meter hohen Aussichtsturm aus Eichenholz, von dem aus man sich einen guten Überblick über die Dimensionen der unterfränkischen Bewaldung verschaffen kann.

Den Waldlehrpfad kann man auf eigene Faust durchqueren oder aber versierte Tourguides vom nahen Walderlebniszentrum Gramschatzer Wald zur Unterstützung rufen. Diese Erlebnispädagogen leiten auch thematische Spaziergänge, auf denen ebenfalls das »haptische Aneignen« der Natur im Vorderrund steht. So werden auf der Veranstaltung namens »Baumgesichter« mit einer selbst angerührten Masse aus Mehl, Wasser und dekorativen Blättern den Bäumen Gesichter aufgeklebt, die den Wald lebendig werden lassen. Lebendig wird er auch in den zahlreichen Geschichten, die über ihn erzählt werden – zum Beispiel beim Märchenausflug »Es war einmal«, auf dem Besucher nicht nur Elemente aus Märchen, sondern am Ende sogar einen ganzen Schatz im Wald finden können.

Und wer weiß: Vielleicht verbirgt sich irgendwo zwischen den Bäumen auch eine Anleitung zum korrekten wissenschaftlichen Arbeiten.

Touri-Klassiker

Wer Besuch von Freunden, Kollegen oder Eltern bekommt, der möchte Würzburg natürlich im besten Lichte präsentieren. Gefragt sind Würzburg-Klassiker, die man in der Residenzstadt unbedingt gesehen haben sollte. Diese zehn Sehenswürdigkeiten in und um Würzburg lassen sich (zur Not) auch an einem Wochenende bewältigen.

1 Residenz mit Hofgarten

Die Residenz ist ein Muss! Alleine schon Giovanni Battista Tiepolos Deckenfresko – das weltweit größte seiner Art – ist ein Besuch wert. Den ehemaligen Sitz der Würzburger Fürstbischöfe lernt man am besten bei einer Führung durch den barocken Schlossbau kennen. Im Anschluss ist ein Spaziergang durch den Hofgarten empfehlenswert, der zu wirklich jeder Jahreszeit seinen ganz eigenen Reiz hat. Die UNESCO hat die Residenz übrigens samt Residenzplatz und Hofgarten 1981 zum Weltkulturgut erklärt.
Siehe auch → Nachtmusik (S. 112f.), → Residenzkeller (s. 150f.)

2 Festung Marienberg

Auch die Festung Marienberg – das Wahrzeichen von Würzburg – sollte jeder Besucher gesehen haben – und zwar nicht nur von »unten«. Von der Mainbrücke aus kann man über die Tellsteige durch das Neutor zur Festung laufen. Neben einem Besuch des *Mainfränkischen Museums* lohnt ein Blick in den Bergfried und den Fürstengarten, allein schon aufgrund der fantastischen Aussicht. Nach einer Runde um die Festungsmauern kann man den Rückweg durch das Landesgartenschaugelände von 1990 nehmen.

3 Dom und Dommuseum

Der im Hochmittelalter geweihte Kiliansdom im Zentrum der Altstadt zählt mit einer Länge von 105 Metern zu Deutschlands größten romanischen Sakralbauten. Durch die Bebauung an beiden Seiten wirkt der Dom von außen jedoch weit weniger imposant, als er wirklich ist. Neben den Dimensionen beeindruckt auch die grandiose Kirchenkunst im Inneren, u. a. Arbeiten von Tilman Riemenschneider. Das 2003 eröffnete *Museum am Dom* zeigt etwa 300 religiöse Bilder und Plastiken aus dem 10. Jahrhundert bis heute.

4 Käppele

Wer gerne auf Berge steigt und großartige Aussichten genießt, der sollte neben der Festung Marienberg unbedingt auch der Wallfahrtskirche Mariä Heimsuchung, kurz »Käppele«, einen Besuch abstatten – zumal hier schon der Weg das Ziel ist. Der steile Treppenaufstieg wurde als Kreuzweg gebaut, der an 14 Stationen die Leiden Christi darstellt. Der Stationsweg ist nicht nur einer der größten Deutschlands, sondern mit seinen alten Platanen und grandiosen Aussichten auch noch einer der schönsten.

Siehe auch → Nikolaushof (S. 180f.)

5 Raum zum Gedenken

Würzburg wurde im Zweiten Weltkrieg nahezu komplett zerstört, ein Umstand, der sich nicht nur tief ins Gedächtnis der Würzburger gebrannt, sondern auch das Stadtbild entscheidend geprägt hat. Ein Besuch des *Gedenkraums* zum 16. März 1945 im Rathaus-Turm Grafeneckart, gehört deshalb auch zu einem Würzburg-Besuch. Wer das Modell der Stadt direkt nach dem Krieg sieht, der bekommt sicherlich eine Gänsehaut.

6 Lusamgärtchen

Das versteckte Gärtchen an der Ostseite des Neumünsters (Martinstraße) beherbergt angeblich das Grabmal des berühmten Minnesängers Walther von der Vogelweide. Baugeschichtlich handelt es sich um die Reste eines Kreuzganges aus dem 12. Jahrhundert. Doch ob das Grab nun echt ist oder nicht – es ist in jedem Fall ein wunderbarer, romantischer Ort, der eine kurze Verschnaufpause vom Trubel der Stadt ermöglicht. Unglücklich Verliebte legen rote Rosen auf den Grabstein.

7 Essen im Backöfele

Das *Backöfele* nahe des Würzburger Rathauses ist kein Geheimtipp. Aber es ist eine sichere Empfehlung, wenn man gute fränkische Hausmannskost essen möchte. Das Traditionslokal in der Ursulinengasse 2 liefert nicht nur ein gutes Schäufele und einen leckeren Schoppen, sondern ist dazu drinnen und draußen auch noch urgemütlich.
Alternative → Stachel *(s. S. 74f.)*

8 Besuch einer Studentenkneipe

Würzburg hat fast 30 000 Studierende und dementsprechend auch eine sehr hohe Dichte an Studentenkneipen. Die Locations sind eher gemütlich, die Preise niedrig. Wer Würzburg besucht, sollte unbedingt mal eine der Kneipen und das studentische Feeling »mitnehmen«. Fündig wird man vor allem in der Kneipenmeile Sanderstraße.

S. auch → Sternbäck (S. 98f.), Nachtwächter (S. 176f.), Unicafé (S. 80f.), Eulenspiegel (S. 184f.)

9 Ausflug in ein Weindorf

Im Umkreis von etwa 15 Kilometern um Würzburg reiht sich ein Weindörfchen an das andere. Westlich der Stadt lockt Volkach, südwestlich den Main hinauf Randersacker und Sommerhausen. Die Orte sind nicht nur für ihre köstlichen Frankenweine bekannt, in den verwinkelten Gässchen finden sich häufig auch kleine Lädchen mit (Kunst-)Handwerk. Die Ziele sind mit öffentlichen Verkehrsmitteln gut erreichbar.

Siehe auch → Sommerhausen (S. 114f., S. 154f.), → Randersacker (S. 86f.), → Mainschleife (S. 208f.), → Weinfeste (S. 126f.)

10 Bootsfahrt nach Veitshöchheim

Den Rokokogarten in Veitshöchheim – einer der schönsten in Deutschland – besucht man im Sommer am besten mit dem Ausflugsschiff »Weiße Flotte« (Nähe Alter Kranen). Die Fahrt auf dem Main dauert etwa 45 Minuten. Zu sehen sind Wasserspiele, lauschige Sitzplätze, Engelsstatuen und ein Muschelhaus. Beim Flanieren schmeckt die Wundertüte vom *Eis Stephan* besonders gut. Auch das Schloss – einst Sommerresidenz der Fürstbischöfe – kann im Rahmen von Führungen besichtigt werden.

TOP 5

BIER GÄRTEN

1 Alter Kranen

Der *Alte Kranen* an der Mainpromenade ist der perfekte Ort, um einen warmen Sommertag mit Blick auf die Festung zu genießen. Hier schmeckt das frisch gezapfte *Würzburger Hofbräu* besonders gut. Neben exotischen Gerichten gibt's auch bewährte Klassiker wie die fränkische Bratwurst. · www.alterkranen.de

2 Goldene Gans

Der 2010 eröffnete traditionell-fränkische Biergarten befindet sich direkt an der Mainschleuse. Empfehlenswert sind die hausgebrauten Biersorten, dazu gibt's fränkische Bratwürste nach eigener Rezeptur und Bierkeller-Natursauerteig-Brot; mit Kinderspielplatz und Servicepersonal in fescher Tracht. · www.goldene-gans-wuerzburg.de

3 Glashaus

Der gemütliche Biergarten liegt am Rande der Stadt und eignet sich perfekt für einen Zwischenstopp auf einer Radltour entlang des Maintalradweges oder einem Spaziergang nach Randersacker. Teich, Grünflächen, Liegestühle: perfekt für Groß und Klein! · www.garten-restaurant-am-glashaus.de

4 Zollhaus

Das *Zollhaus* befindet sich im Steinbachtal und lässt sich gut mit einem Spaziergang in der Annaschlucht verbinden. 450 Personen finden auf schattigen und sonnigen Sitzgelegenheiten Platz, dazu gibt's einen Spielplatz mit Trampolin. Eine Spezialität sind freitags die Steckerlfische; täglich bis 14 Uhr Frühschoppen oder Weißwurstfrühstück. · www.zollhaus-wuerzburg.de

5 Waldschänke Dornheim

Das → *Talavera-Schlösschen* (s. S. 186f.) ist nicht nur ein Ort zum Feiern, der angegliederte Biergarten ist auch eine grüne Oase zum gemütlichen Beisammensitzen und Schlemmen auf pastellfarbenen Holzstühlen. Liebevolle Gestaltung mit Discokugeln, Wimpel- und Lichterketten in den alten Bäumen, dazu Liegestühle und Spielplatz. · www.waldschaenke-dornheim.de

WÜRZBURG ERLEBEN DER GEHEIMTIPP

Die User von *Würzburg erleben* haben gewählt, das ist ihr exklusiver Tipp:

Schützenhof · www.schuetzenhof-wuerzburg.de

Michael Hannig: »Der Schützenhof ist einer meiner Lieblingsorte im Würzburger Sommer. Nach dem Aufstieg kann man hier geschützt von großen, alten Kastanienbäumen gutbürgerlich essen und ein kühles Bier genießen – herrlich.«

TOP 10 LIEBLINGS ORTE

1 Festungsmauer

Angelika Hörner: »Der Blick von der Festungsmauer ist für mich unschlagbar in Würzburg.«

2 Alte Mainbrücke

Barbara Klett: »Die Alte Mainbrücke ist für mich vor allem im Sommer einfach der schönste Ort, da sie ein gewisses mediterranes Lebensgefühl aufkommen lässt – dank Sonnenuntergang am Main, Festungsblick und einem kleinen Brückenschoppen.«

3 Hofgarten

Simon Hajer: »Im Hofgarten gibt's alles, was man braucht: Bänke, Blumen und eine Residenz.«

4 Mainufer

Sandra von Hoff: »Das Mainufer in der Sanderau ist für mich der ›Place to be‹ – es ist dort herrlich chillig, und man ist doch immer unter Leuten. Ich habe dort einige meiner schönsten Stunden erlebt.«

5 Hans-Brandmann-Weg

Margot Orgeldinger: »Der Hans-Brandmann-Weg liegt am Steinberg, und man hat von dort eine perfekte Aussicht auf die Stadt. Als ich noch in Würzburg wohnte, bin ich fast jeden Tag dort gelaufen, und jeden Tag war der Blick ein anderer.«

6 Innere Leiste

Jule Lyding: »Die Innere Leiste ist so schön, weil du hier – sobald du hinter St. Burkhard in die Weinberge einsteigst – mit wenigen Schritten den Trubel der Stadt hinter dir lassen kannst. Du entdeckst den wunderbaren Blick durch den Torbogen aufs Käppele, und auf deinem Weg vorbei am gewaltigen Maschikuliturm hast du die Festung immer über dir.«

7 Kirche St. Peter und Paul

Nico Sucker: »Hier ist in Würzburg für mich das Herz am rechten Fleck.«

8 Klein Nizza

Diana Eckermann: »Das ›Klein Nizza‹ hinter der Residenz ist für mich der schönste Ort in Würzburg – perfekt um zu entspannen oder ein Buch zu lesen, aber auch mit den Kindern spazieren zu gehen und schöne Pflanzen zu bewundern.«

9 Spaziergang nach Randersacker

Autorin Dani Uhrich: »Ein Spaziergang nach Randersacker durch die Weinberge gehört für mich zu jedem Würzburg-Besuch – vor allem die Maria-Schmerz-Kapelle oberhalb von Randersacker ist für mich ein ganz besonderer Ort.«

10 Sonntag im Standard

Autor Michi Metzger: »Ein Sonntag mit Sonntagsbraten im Standard, danach noch den ganzen Nachmittag die ZEIT lesen und Kaffee trinken – perfekt!«

Die Autoren

Bevor es **Dr. Daniela Uhrich** nach Oberbayern verschlug, studierte sie über zehn Jahre lang in Würzburg, wo sie auch promovierte. Nicht selten hieß es für die Germanistin: raus aus dem Hörsaal – ab aufs Weinfest! Die freie Journalistin ist neben ihrer Tätigkeit für Zeitschriften wie *Wohnen & Garten* oder *TWEED* als Bloggerin auf *www.lady-blog.de* unterwegs und lebt mit ihrer Familie in einem Grenzdorf zu Österreich. So oft es geht, besucht sie jedoch ihre Lieblingsstadt – nicht zuletzt, um sich mit einem neuen Vorrat an Boxbeuteln auszustatten.

Michael Metzger, geboren in einem 800-Seelen-Dorf im Landkreis Würzburg, hat drei Jahre lang in der Mainmetropole gelebt, ehe er nach Berlin gezogen ist. In der Bundeshauptstadt arbeitet der Kulturanthropologe als Journalist und Design-Thinking-Coach. Für dieses Buch ist Michael nach zehn Jahren Abstand wieder für einige Wochen in seine fränkische Heimat zurückgekehrt. Beim Treffen mit früheren Freunden und Kollegen – und dem ein oder anderen Schoppen in der Hand –, hat er festgestellt: Es musste sich vieles verändern in Würzburg, damit die Stadt in ihrem Herzen bleiben kann, was sie auch früher schon war: eine junge, lebendige und manchmal ein bisschen schrullige Perle am Main.

Online-Tipps

Würzburg erleben – Blog:
www.wuerzburgerleben.de, www.facebook.com/wuerzburg.erleben

Würzblog – Leben in, um und warum Würzburg: wuerzblog.de

Das ist Würzburg – Würzburg in Bildern: www.dasistwuerzburg.de

Würzmischung – Ein Würzburg Podcast: wuerzmischung.de

Mamamia – Stadtmagazin für Leute mit Kindern:
www.mamamia-online.com